LE GUIDE DU DESSIN DE PORTRAIT

Techniques et tutoriels pour
le dessin des visages pour
les débutants

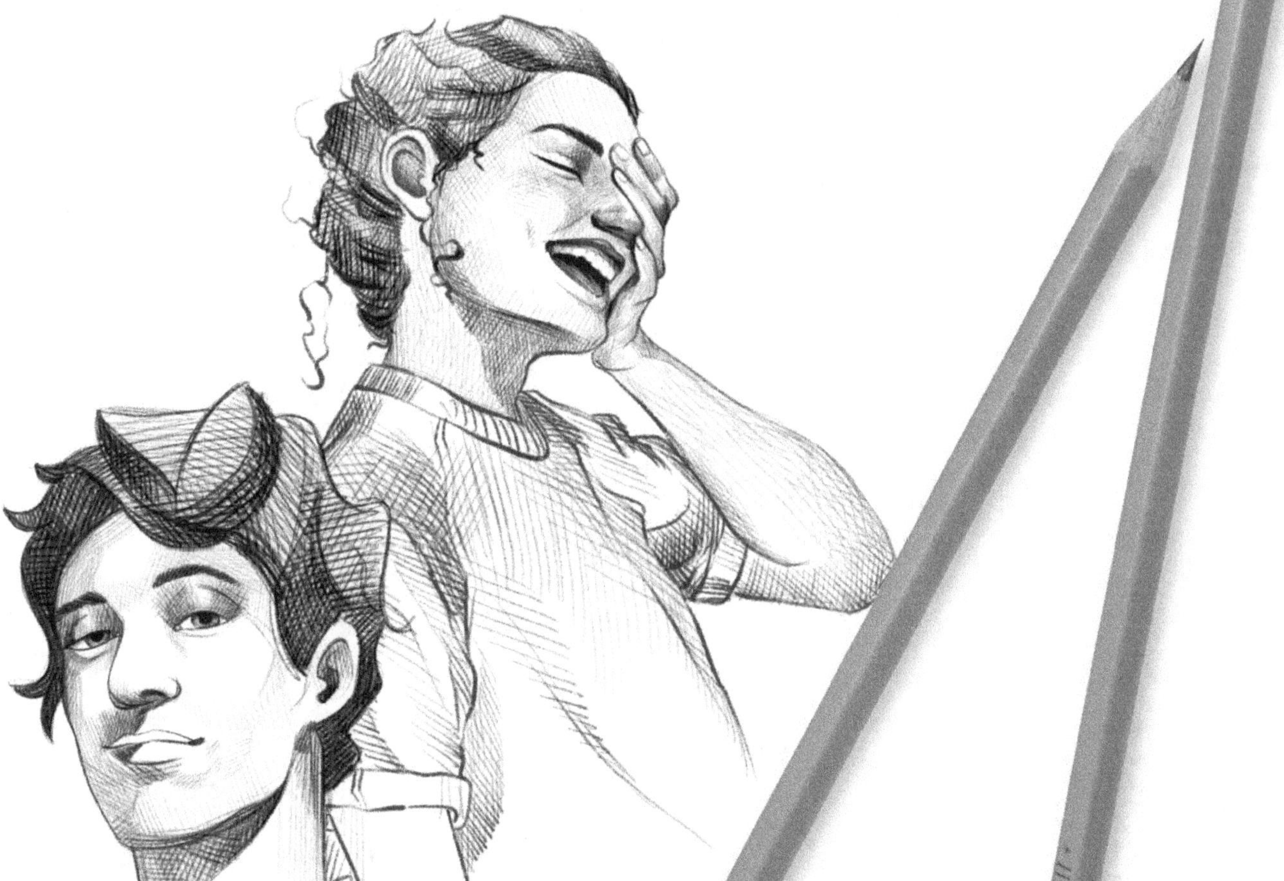

Remarque

Ce livre est un livre. Copyright © 2024 par tous les auteurs et éditeurs de cet ouvrage et Amazon Kindle Publishing. Tous droits réservés dans le monde entier. Aucune partie de cette publication ne peut être reproduite ou transmise sous quelque forme que ce soit sans l'accord écrit préalable de l'éditeur. Limite de responsabilité/exclusion de garantie : l'éditeur et l'auteur ne font aucune déclaration et ne donnent aucune garantie quant à l'exactitude ou à l'exhaustivité de ce contenu et déclinent toute garantie telle que la garantie d'adéquation à un usage particulier. L'auteur ou l'éditeur n'est pas responsable de quelque dommage que ce soit. Le fait qu'une personne ou une organisation soit citée dans le présent document en tant que référence ou source d'information n'implique pas que l'auteur ou l'éditeur approuve les informations fournies par cette personne ou cette organisation.

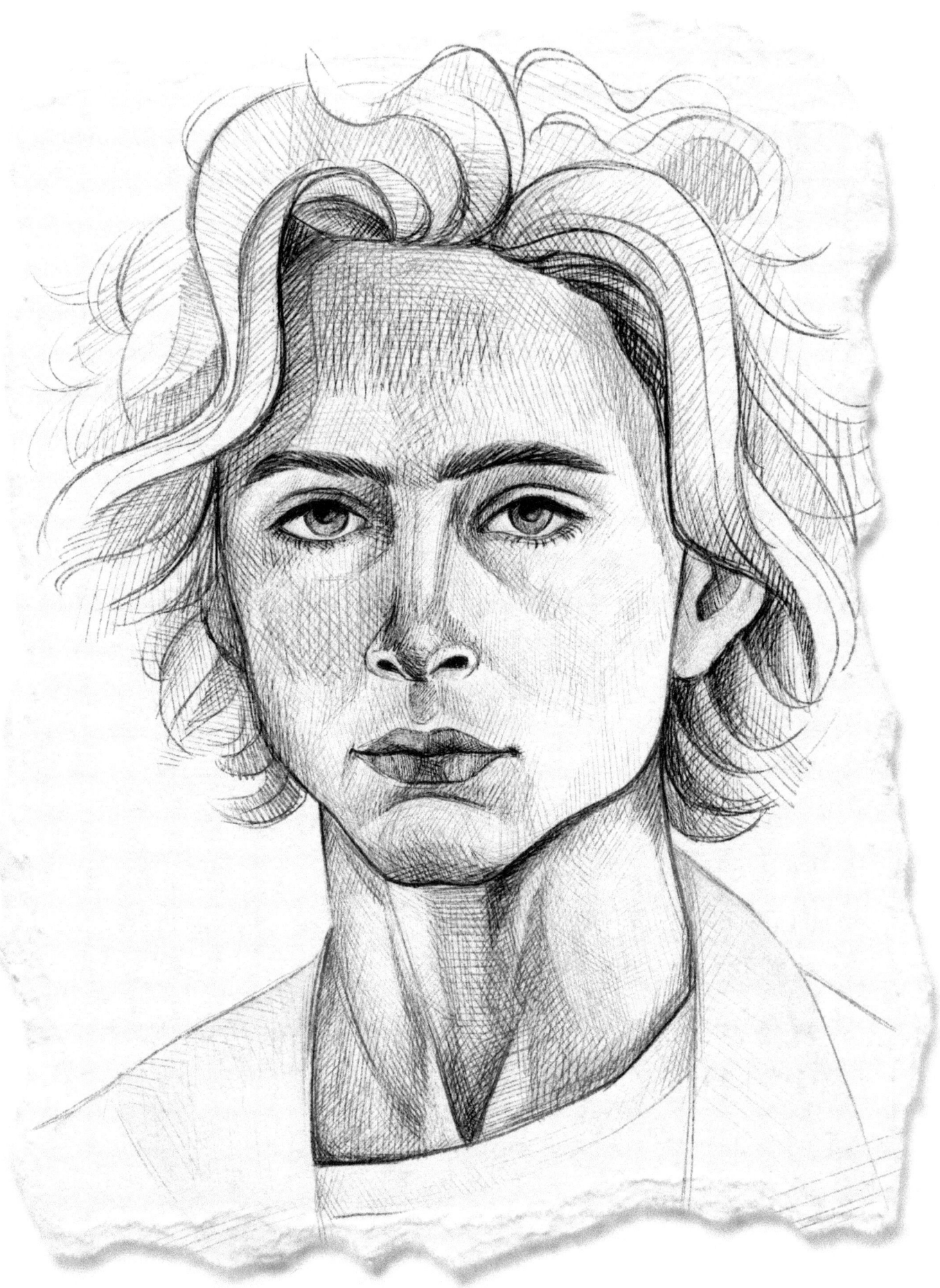

CONTENU

Introduction 2
Matériel essentiel 3

Les bases du dessin:
Hachures 5
Ombres et lumières 7
Formes simples 9
Composition 13
Perspective 17

Dessiner des portraits:
Portrait de femme 19
Portrait d'homme 29
Transmettre les émotions 39
Pratique 45

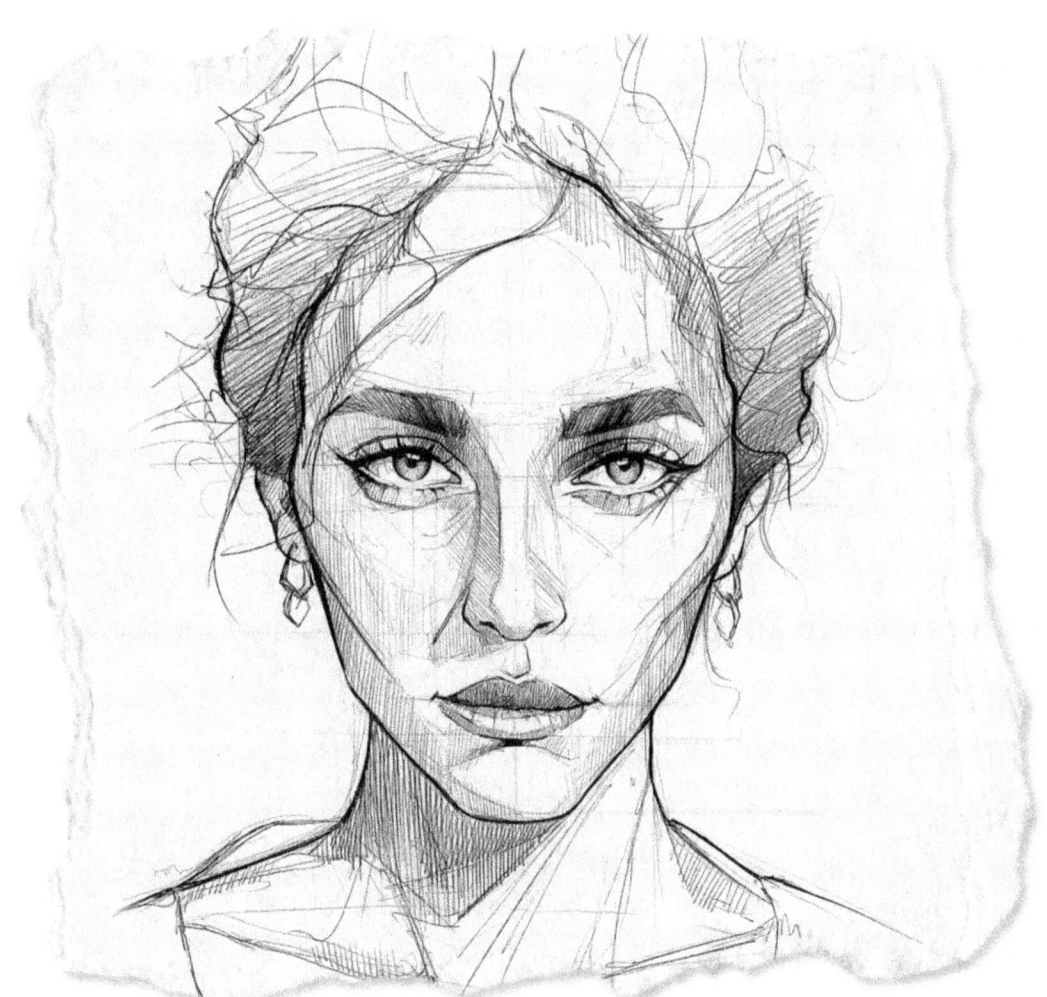

INTRODUCTION

Bienvenue dans le guide du dessin de portrait ! Vous y trouverez tout ce dont vous avez besoin pour maîtriser cette technique pas à pas. Nous allons rester simples, en commençant par les bases et en progressant graduellement.

Tout d'abord, nous allons vous fournir les bons outils et le bon matériel. Une fois que vous serez prêt, nous commencerons par des formes simples, puis nous passerons à des compositions plus complexes.

À la fin de l'atelier, vous serez capable de dessiner le portrait de n'importe qui, de l'adulte à l'enfant. N'oubliez pas que c'est en forgeant qu'on devient forgeron. Prenez votre temps et ne soyez pas trop dur avec vous-même. Avec nos conseils et un peu d'effort, vous créerez de magnifiques portraits en un rien de temps !

Alors, plongeons dans l'aventure et amusons-nous avec l'art !

MATÉRIAUX ESSENTIELS

Maintenant que vous êtes impatient de commencer à dessiner des portraits, il est temps de rassembler le matériel nécessaire. Ne vous inquiétez pas, vous n'aurez pas besoin de matériel trop sophistiqué. Voici ce dont vous aurez besoin pour commencer

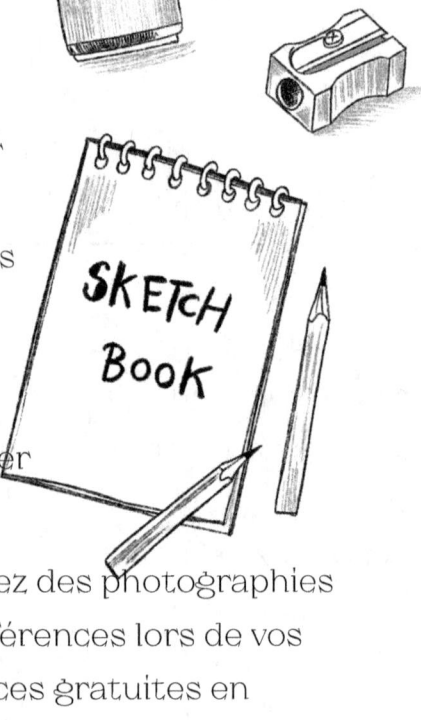

CRAYONS : Un jeu de crayons graphite allant de 2H à 6B vous permettra de créer à la fois des contours clairs et des ombres plus sombres.

PAPIER : Optez pour un papier lisse à fort grammage ou pour un carnet de croquis spécialement conçu pour le dessin. La surface doit pouvoir supporter l'effacement et l'estompement sans se déchirer.

GOMME : Une gomme malaxée est parfaite pour enlever le graphite sans laisser de résidus, tandis qu'une gomme en vinyle est très pratique pour les corrections plus précises.

OUTILS D'ESTOMPAGE : Pensez à ajouter une souche d'estompe ou un tortillon à votre boîte à outils pour estomper le graphite et créer des transitions douces.

TAILLE-CRAYON : Gardez vos crayons bien taillés avec un taille-crayon de qualité ou un bloc de papier de verre pour obtenir des lignes et des détails précis.

MATÉRIEL DE RÉFÉRENCE : Rassemblez des photographies ou des images de visages que vous utiliserez comme références lors de vos exercices. Vous pouvez trouver de nombreuses ressources gratuites en ligne ou vous inspirer de magazines et de livres.

EXTRAS FACULTATIFS : Si vous vous sentez d'humeur aventureuse, essayez les crayons de couleur, le fusain ou les pastels pour ajouter de la profondeur et de la dimension à vos portraits.

CONSEIL :

Tenez compte de la dureté et de la souplesse : Les crayons sont classés en fonction de leur dureté (H) et de leur douceur (B). Les crayons plus durs (par exemple, 2H) produisent des lignes plus claires, idéales pour les premières esquisses et les contours. Les crayons plus tendres (par exemple, 2B, 4B) produisent des lignes plus sombres et des ombres, parfaites pour ajouter de la profondeur et des détails.

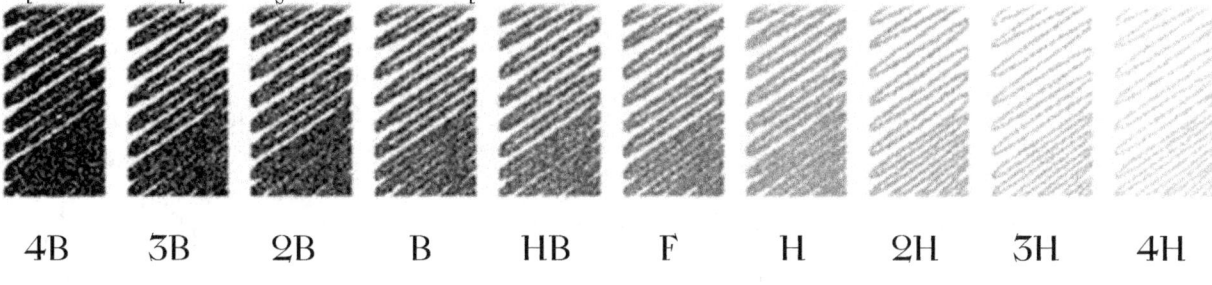

4B   3B   2B   B   HB   F   H   2H   3H   4H

CONSEIL :

Tenez compte de la texture : Il existe différentes textures de papier, du plus lisse au plus rugueux. Le papier lisse est excellent pour les travaux détaillés et les lignes nettes, tandis que le papier texturé ajoute de la profondeur et du caractère à vos dessins. Faites des essais avec différentes textures pour trouver celle qui convient le mieux à votre style.

Hachures sur papier lisse   Hachures sur papier brouillon

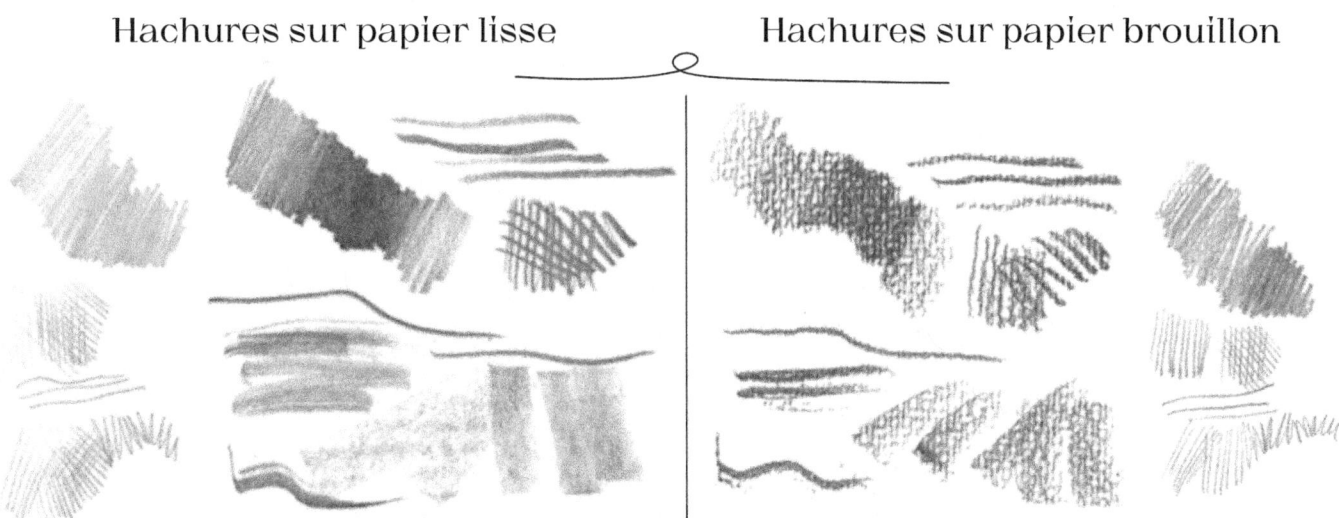

Armé de ce matériel, vous êtes bien équipé pour relever les défis du dessin de portrait. Restez patient, restez curieux et, surtout, prenez plaisir à donner vie aux visages sur le papier. Bon dessin !

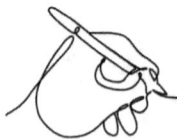

ÉCLOSION

Les hachures sont une technique de dessin fondamentale utilisée pour créer de la valeur, de la texture et de la profondeur dans les œuvres d'art. Elle consiste à tracer une série de lignes parallèles ou de traits rapprochés pour former un motif, généralement en lignes droites ou courbes. Ces lignes se chevauchent ou se croisent souvent, créant des zones plus ou moins foncées en fonction de leur densité et de leur espacement.

Voici pourquoi les hachures sont utilisées et quelques conseils pour les améliorer :

 Valeur et ombrage : Les hachures sont principalement utilisées pour représenter les ombres et les lumières dans les dessins. En variant la densité, la longueur et la direction des hachures, les artistes peuvent créer l'illusion d'un volume et d'une forme, ajoutant ainsi de la profondeur et de la dimension à leurs œuvres.

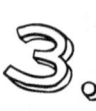 Texture : Les hachures peuvent également être utilisées pour créer de la texture dans les dessins, comme la surface rugueuse du bois ou la fourrure douce d'un animal. En variant l'espacement et l'angle des marques de hachures, les artistes peuvent imiter l'apparence de différentes surfaces et matériaux.

Détail et définition : Les hachures sont une technique efficace pour ajouter des détails et de la définition aux dessins. En superposant soigneusement les hachures, les artistes peuvent mettre en valeur les contours, les arêtes et les caractéristiques des objets, créant ainsi une impression de réalisme et de profondeur.

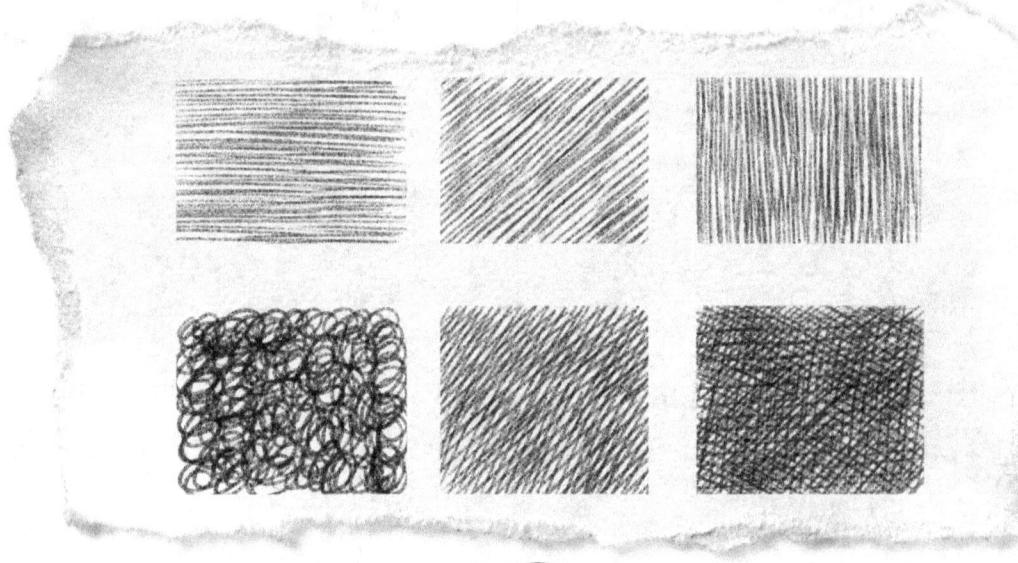

TYPES D'ÉCLOSION

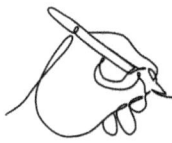 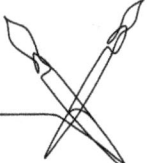

HACHURES PARALLÈLES : il s'agit du type de hachures le plus courant, dans lequel des lignes parallèles sont tracées à proximité les unes des autres, généralement dans la même direction. L'espacement et la densité des lignes déterminent l'obscurité ou la clarté de la zone à ombrer.

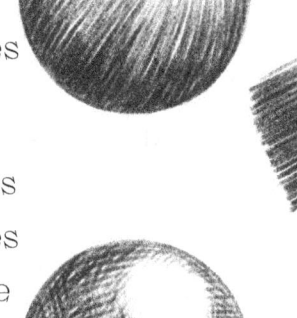

HACHURES CROISÉES : les hachures croisées consistent à dessiner des séries de lignes parallèles dans des directions différentes, créant ainsi un motif semblable à une maille. En superposant les lignes sous différents angles, les artistes peuvent obtenir des tons plus foncés et des ombres plus profondes, ajoutant ainsi de la dimension et du volume à leurs dessins.

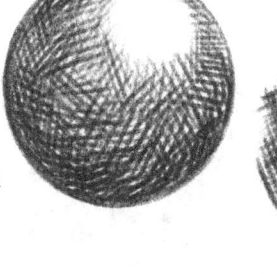

HACHURES DE CONTOUR : dans les hachures de contour, les lignes sont tracées en suivant les contours du sujet. Cette technique permet de définir la forme des objets et de mettre l'accent sur leurs qualités tridimensionnelles.

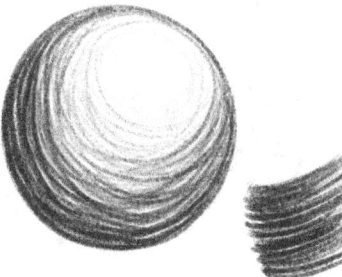

L'ESTOMPAGE : L'estompage permet aux artistes d'estomper et d'adoucir les lignes, les tons et les textures. En frottant délicatement les supports de dessin, tels que le graphite ou le fusain, vous pouvez créer des transitions douces entre les zones d'ombre et de lumière, ainsi qu'adoucir les contours trop marqués.

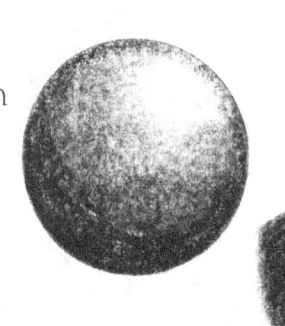

LE POINTILLÉ : Bien qu'il ne s'agisse pas à proprement parler de hachures, le pointillé consiste à créer des ombres et des textures en utilisant des points au lieu de lignes. En variant la densité et l'espacement des points, les artistes peuvent obtenir une large gamme de tons et d'effets, des dégradés subtils aux motifs complexes.

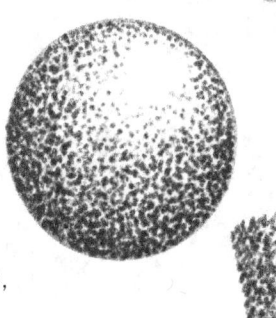

EXERCICE

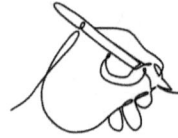
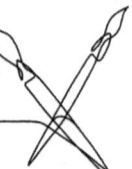

Dans cet exercice, nous allons nous plonger dans l'art du travail au trait en expérimentant différentes techniques de hachures et des variations d'intensité.

1. Choisissez votre support de dessin et vos outils.
2. Expérimenter les techniques de hachures : parallèles, croisées, de contour et de pointillés.
3. Varier l'intensité du trait, de gras à délicat, en ajustant la pression.

N'hésitez pas à explorer et à expérimenter !

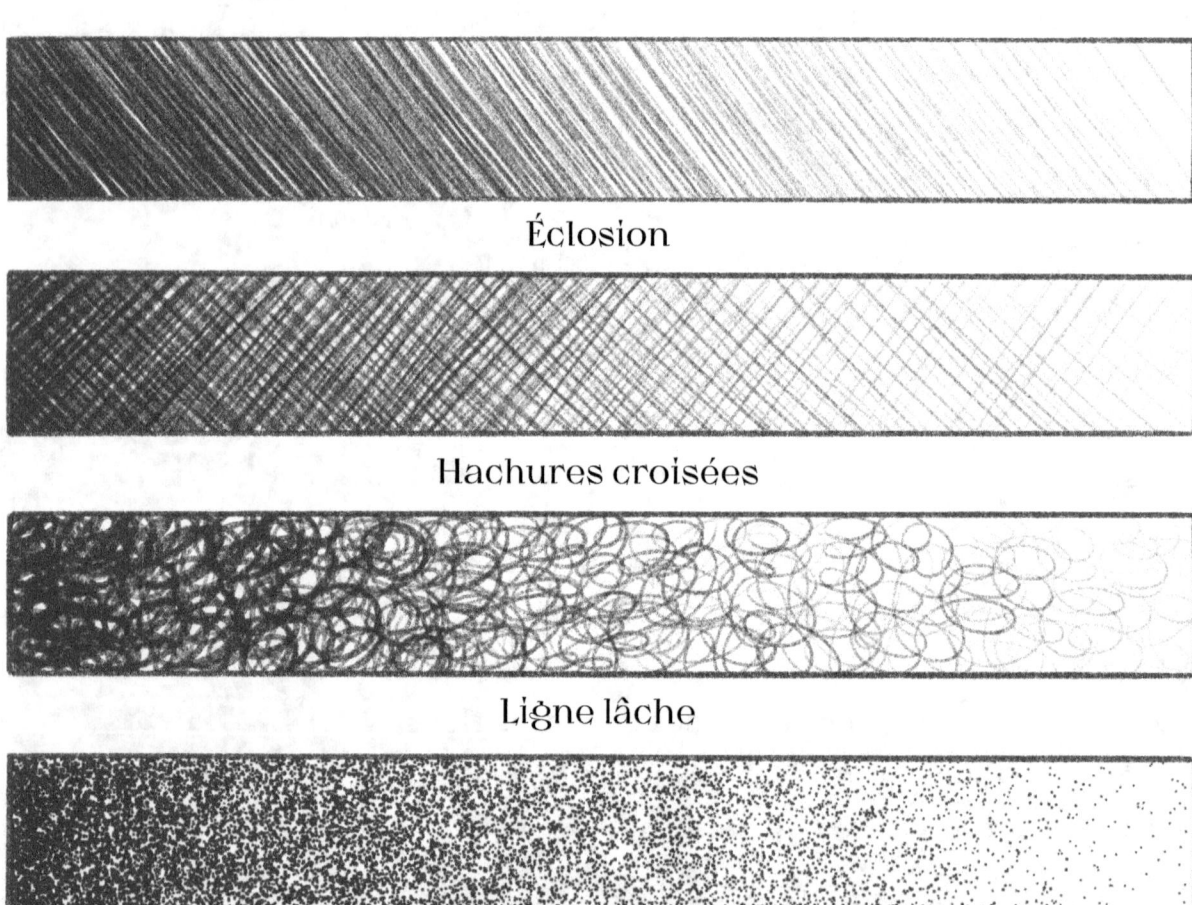

Éclosion

Hachures croisées

Ligne lâche

Pointillé

Taculage

EXERCICE

Nous allons nous plonger dans le hachurage d'une forme simple. Commencez par un cercle et utilisez différentes techniques de hachures pour lui donner de la dimension. Voici un exemple pour vous guider !

- Éclosion
- Hachures croisées
- Contour
- Pointillé
- Ligne lâche
- Taculage

OMBRES ET LUMIÈRES

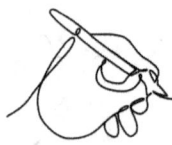
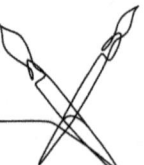

La lumière et l'ombre jouent un rôle crucial dans la création de la profondeur, du volume et du réalisme des œuvres d'art. Elles fournissent des repères visuels essentiels qui aident à transmettre la forme, la texture et l'ambiance au spectateur. La lumière éclaire les objets, mettant en valeur leurs surfaces et définissant leurs contours. Les ombres, quant à elles, apparaissent lorsque la lumière est obstruée ou bloquée, créant des zones d'obscurité et de contraste. Ensemble, la lumière et l'ombre travaillent en tandem pour sculpter l'apparence tridimensionnelle des objets, leur donnant du poids, de la présence et de la crédibilité sur la page.

Examinons l'exemple ci-dessous !

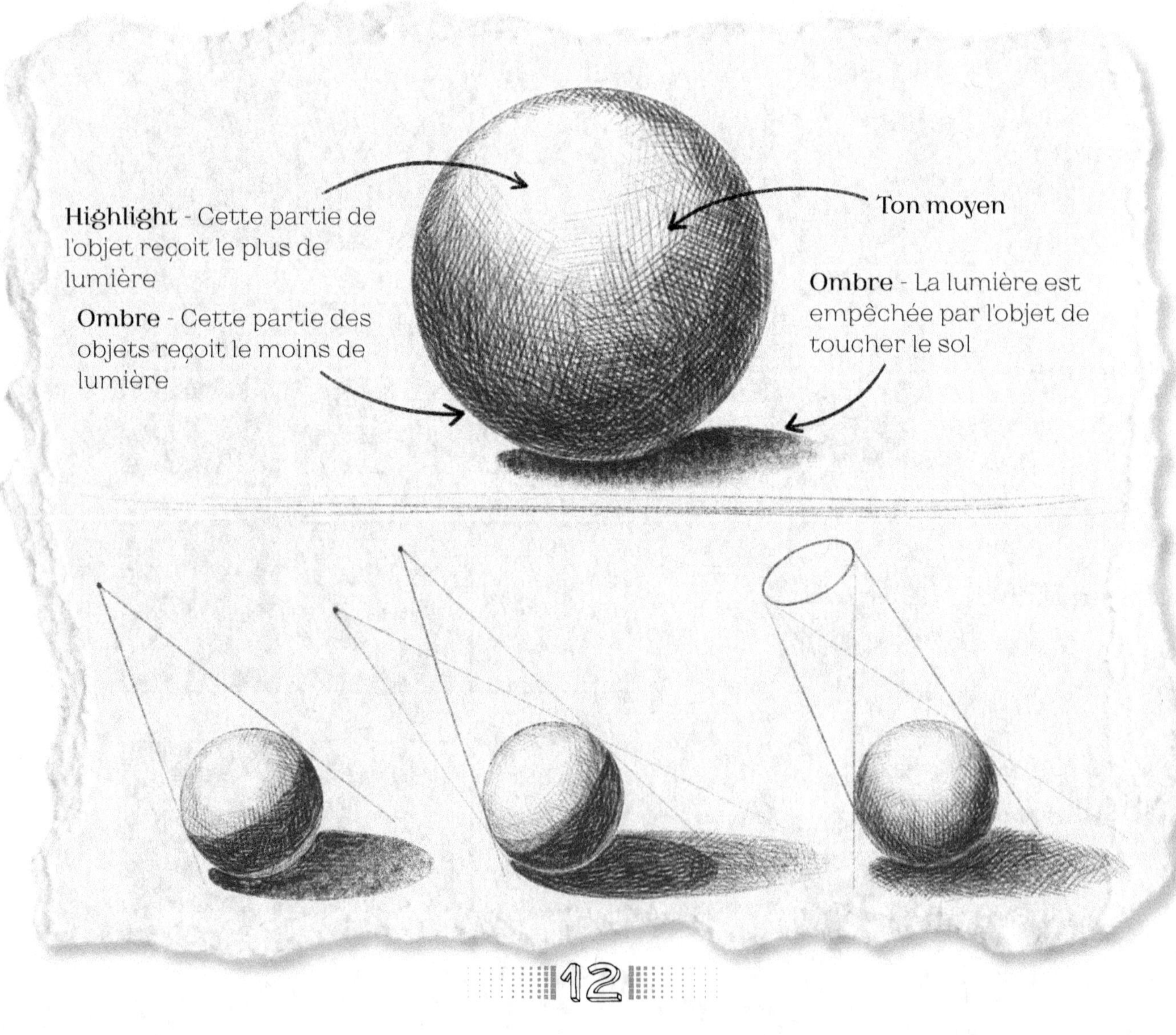

Highlight - Cette partie de l'objet reçoit le plus de lumière

Ombre - Cette partie des objets reçoit le moins de lumière

Ton moyen

Ombre - La lumière est empêchée par l'objet de toucher le sol

CONSEILS :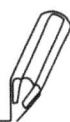

1. **OBSERVER** : Commencez par observer attentivement votre sujet et analysez la façon dont la lumière tombe sur ses surfaces. Faites attention à la direction, à l'intensité et à la qualité de la lumière, ainsi qu'à la forme des ombres.

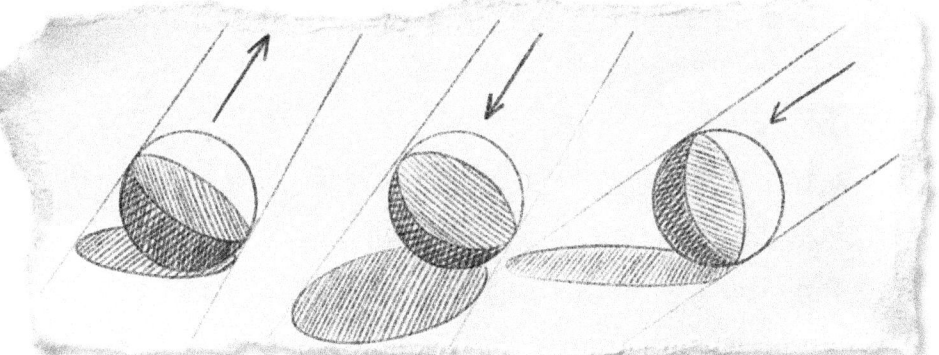

2. **ESQUISSER LA FORME** : Commencez par esquisser les contours et les formes de base de votre sujet, en utilisant des traits légers et lâches. Concentrez-vous sur la forme et les proportions générales, ainsi que sur les principales zones d'ombre et de lumière.

3. **IDENTIFIER LES SOURCES DE LUMIÈRE** : Déterminez la ou les principales sources de lumière et leur direction.

4. **INTÉGRER LES TONS DE BASE** : Commencez à tracer les zones d'ombre et de lumière de base à l'aide de valeurs de tons moyens. Utilisez la pression de la lumière pour créer des ombres douces et régulières, en augmentant progressivement les formes et les volumes de votre sujet.

5. **ÉTABLIR LES OMBRES PRINCIPALES** : Identifiez les zones d'ombre principales, c'est-à-dire les parties les plus sombres des ombres.

6. **AJOUTER DES HAUTES LUMIÈRES** : Identifiez les zones de votre sujet qui font directement face à la (aux) source(s) de lumière et ajoutez des hautes lumières en conséquence.

7. **AFFINER ET DÉTAILLER** : Affinez progressivement votre dessin, en ajoutant plus de détails et de texture aux surfaces de votre sujet. Utilisez les techniques de hachures que nous avons apprises !

FORMULAIRES SIMPLES

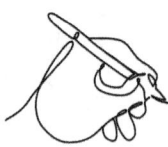 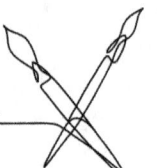

Concentrons-nous sur l'entraînement au dessin et à l'observation de formes simples !

Dessiner des formes simples est très important pour s'améliorer en dessin. Il nous aide à comprendre les principes de base de la lumière, de l'ombre et de la forme. Mais pourquoi est-ce si important ?

En dessinant des formes simples, nous apprenons à voir le monde en termes de formes de base. Cette compétence est essentielle car elle nous aide à décomposer les objets complexes en éléments plus simples.

En effet, les objets complexes ne sont souvent qu'un ensemble de formes simples assemblées de différentes manières. En nous exerçant à dessiner des formes simples, nous apprenons à repérer ces éléments de base dans les objets compliqués. Il est alors beaucoup plus facile de les comprendre et de les dessiner avec précision.

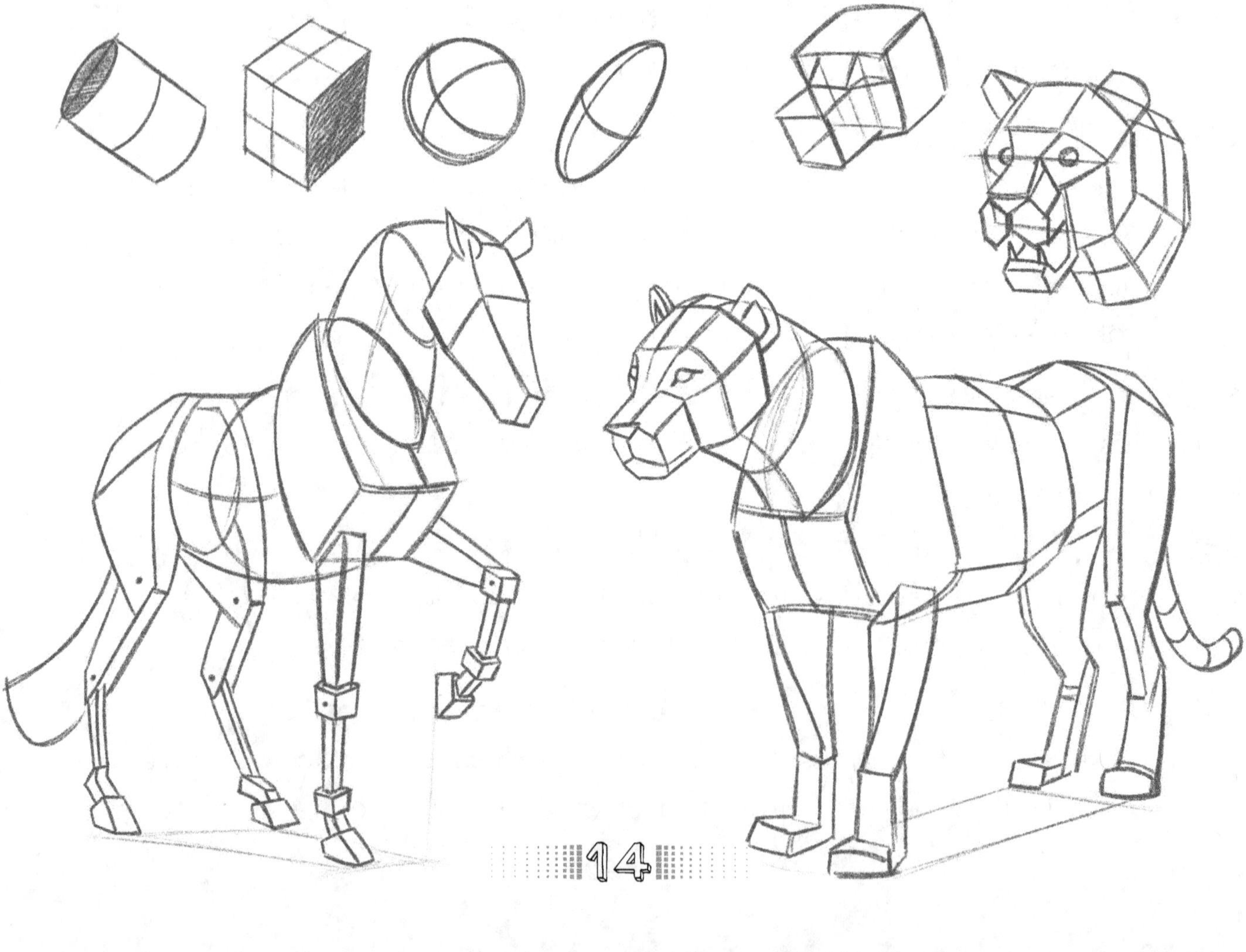

CUBE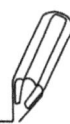

Plongeons un peu plus dans le sujet ! Voici les tutoriels pour vous entraîner !

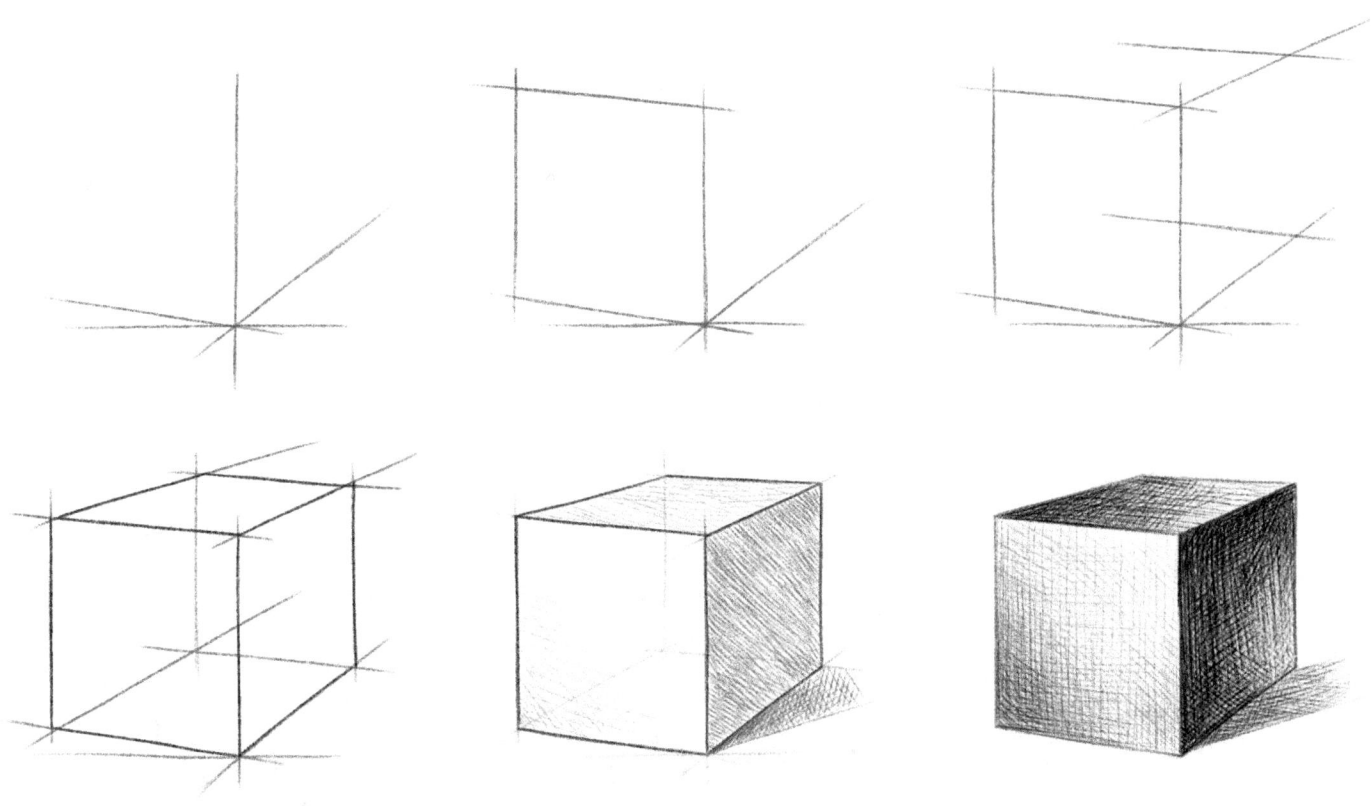

QUELQUES OBJETS BASÉS SUR LA FORME D'UN CUBE :

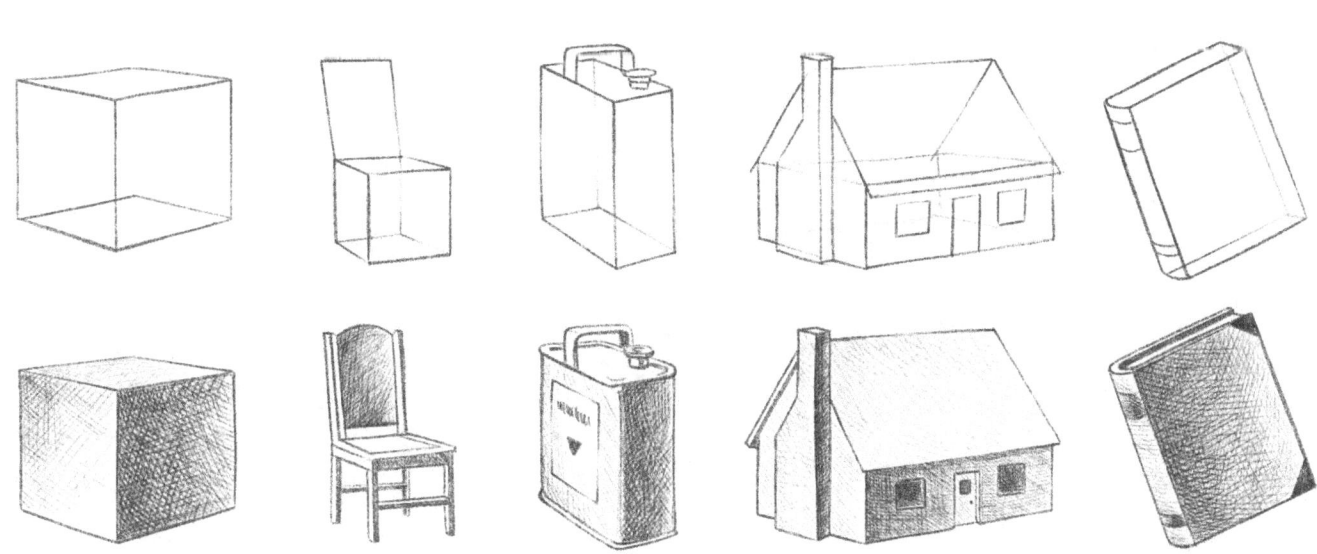

SPHÈRE

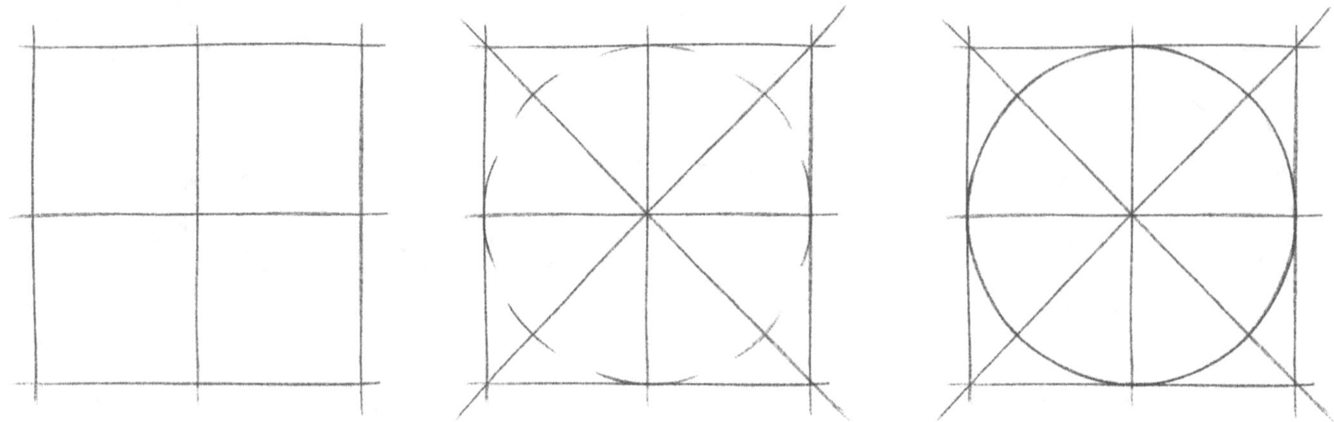

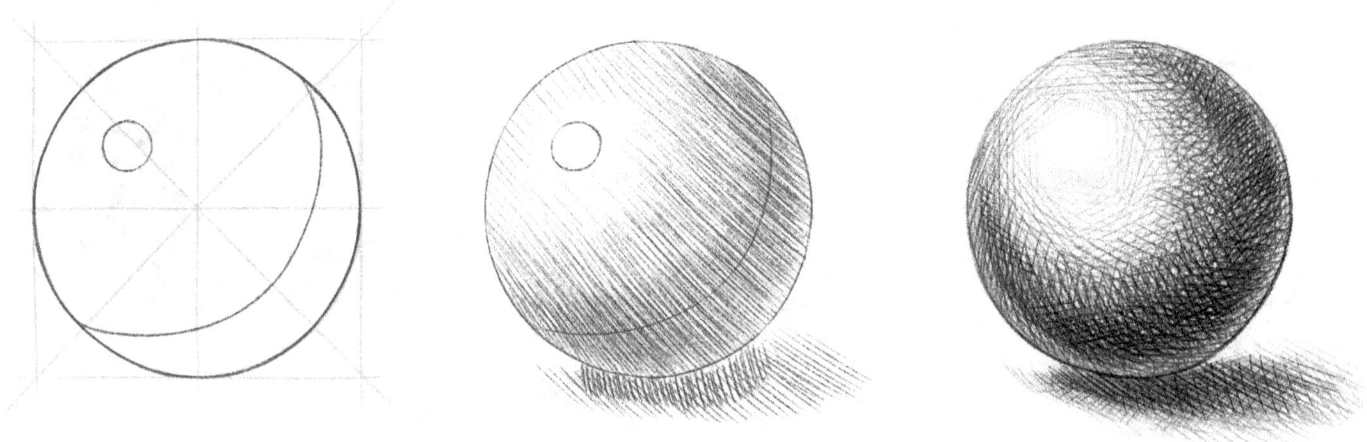

QUELQUES OBJETS BASÉS SUR LA FORME D'UNE SPHÈRE :

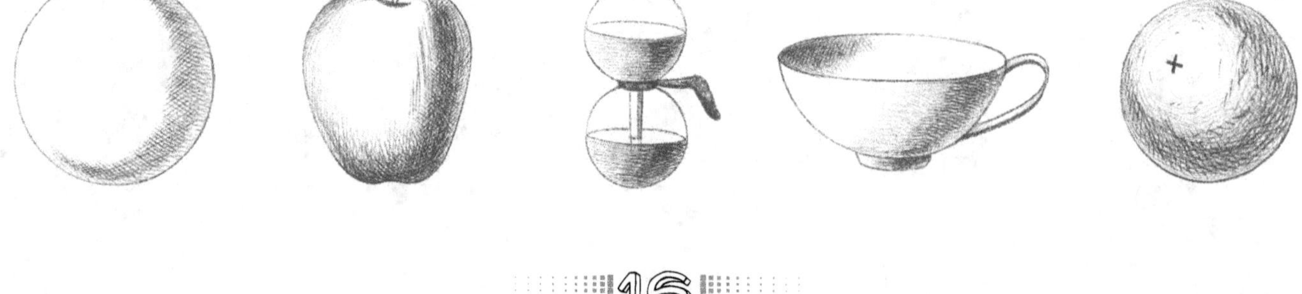

CÔNE

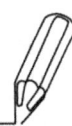

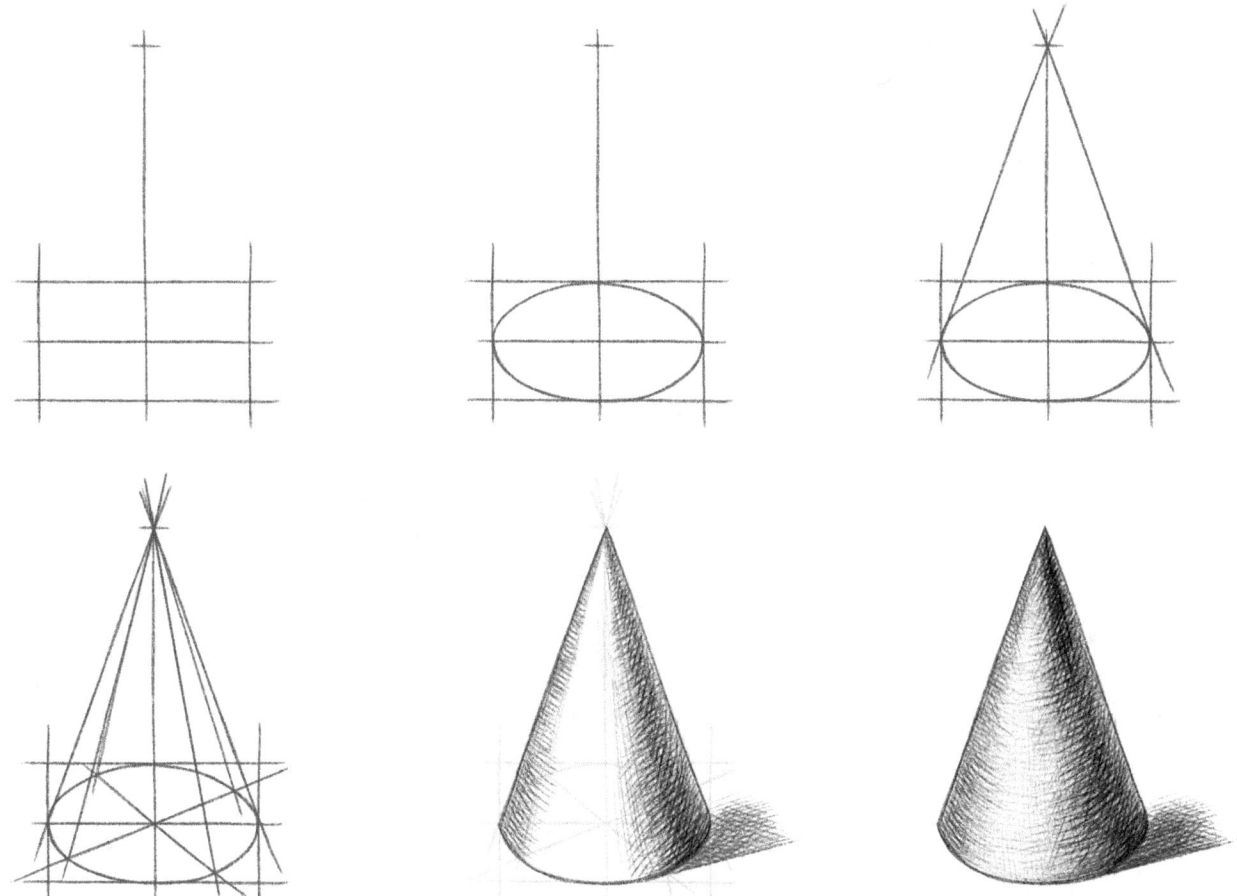

QUELQUES OBJETS BASÉS SUR LA FORME D'UN CÔNE :

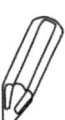

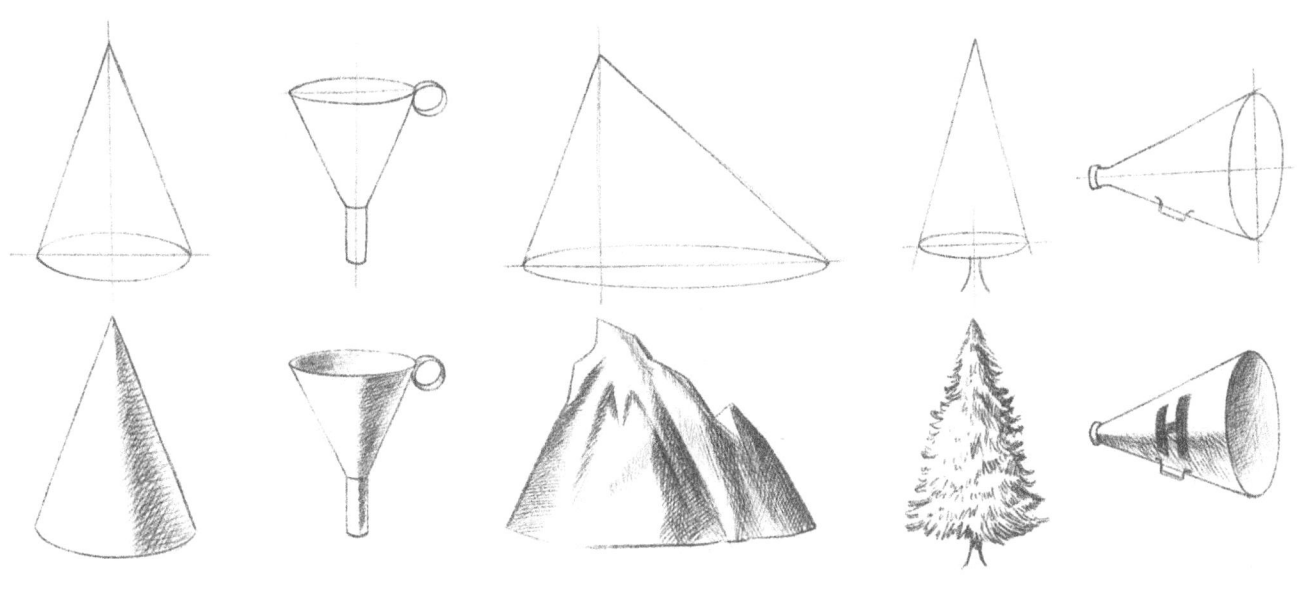

CYLINDRE

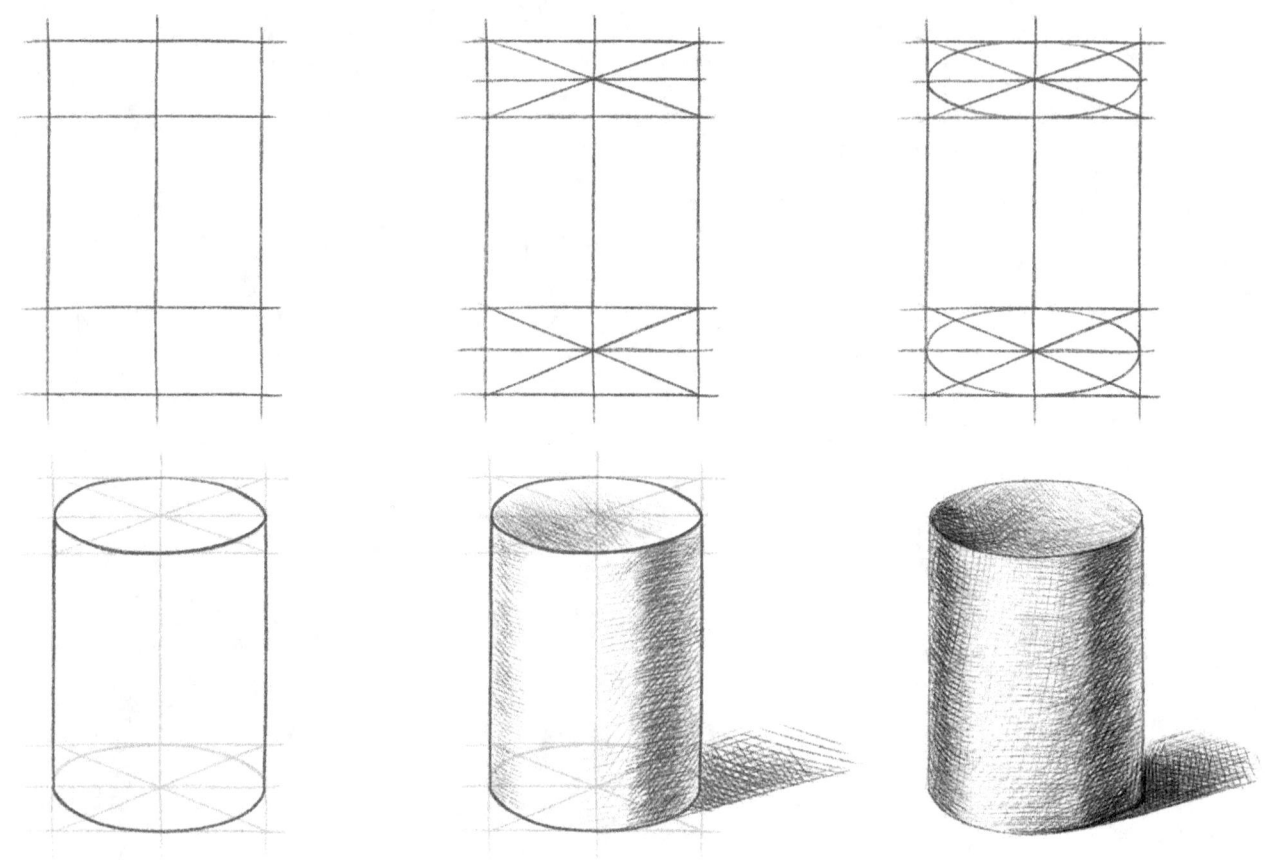

QUELQUES OBJETS BASÉS SUR LA FORME D'UN CYLINDRE :

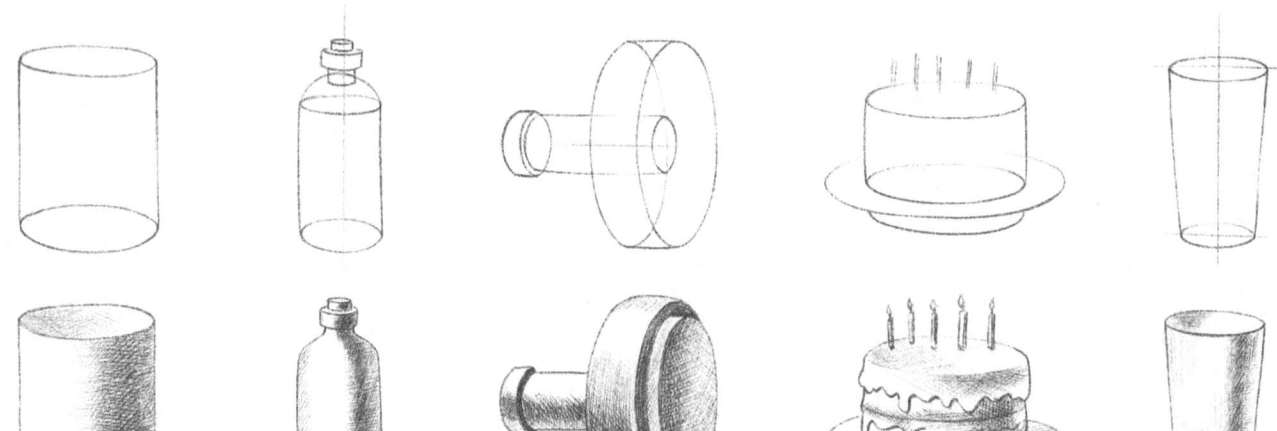

PYRAMIDE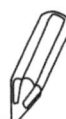

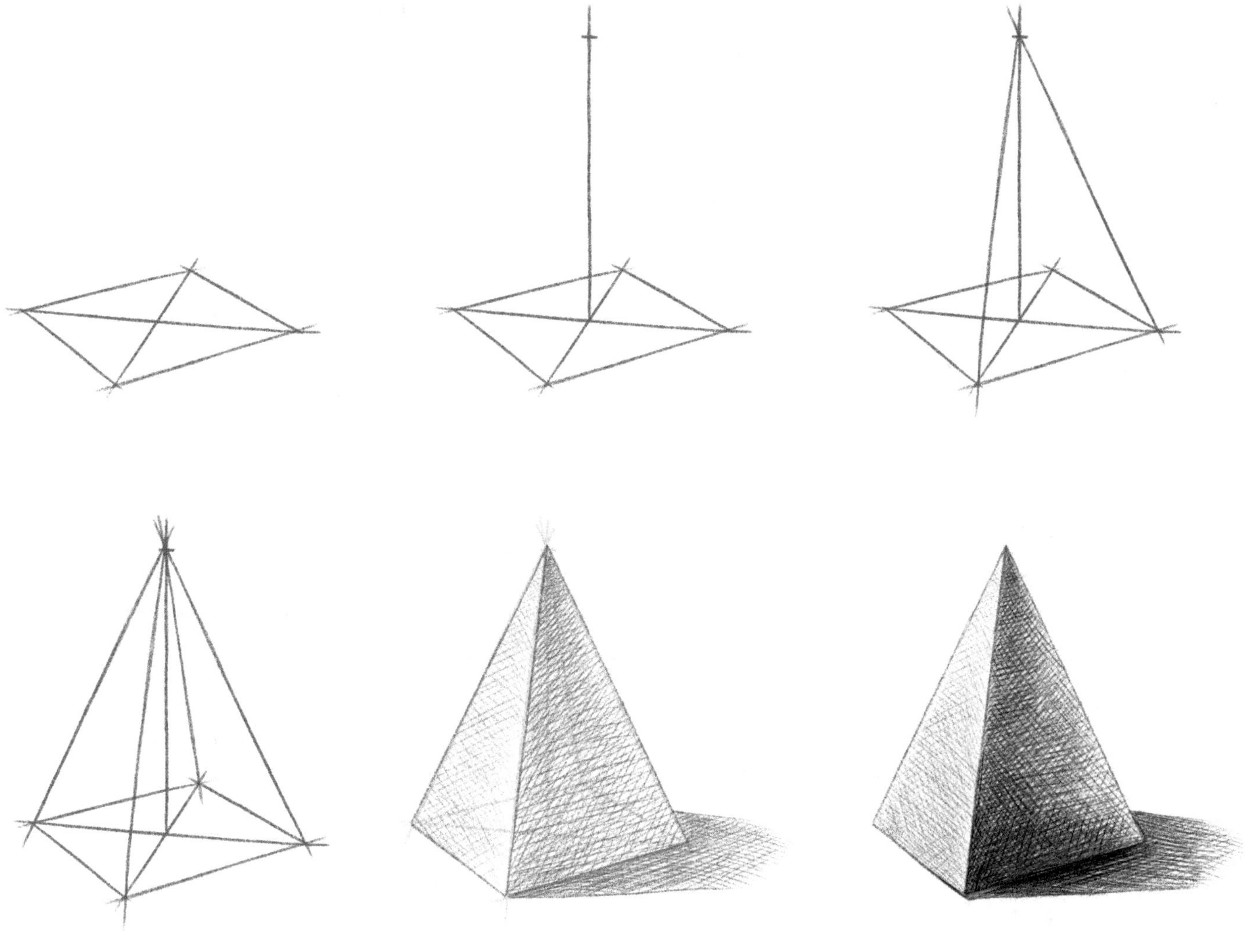

EXERCICE

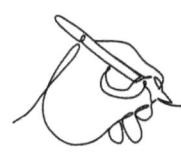 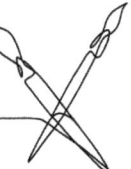

Voici une tâche pour vous ! Observez votre environnement et identifiez les objets qui peuvent être dessinés selon la forme d'une pyramide.

COMPOSITION

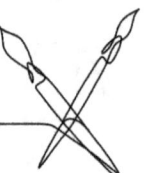

La composition est la façon dont les objets et les sujets que vous allez dessiner sont disposés, organisés et combinés. La composition peut également faire référence à la manière dont vous organisez et disposez les choses dans votre esprit avant de dessiner.

La maîtrise de la composition est fondamentale pour créer des œuvres d'art visuellement convaincantes et harmonieuses. Un dessin bien composé capte l'attention du

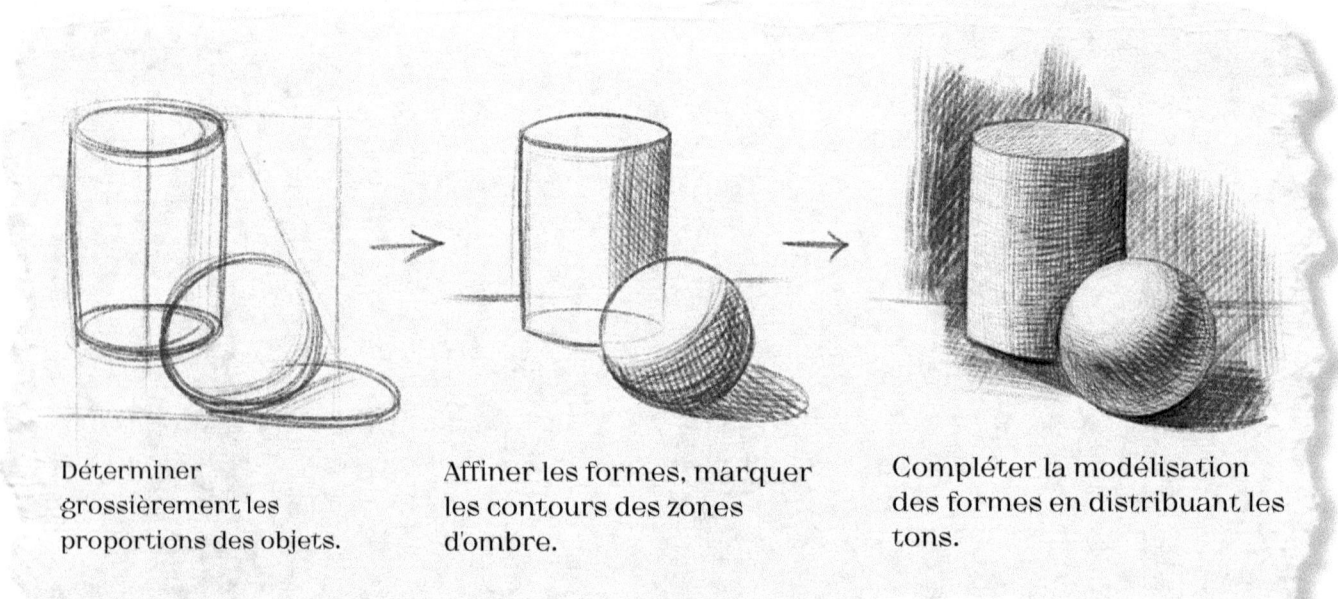

Déterminer grossièrement les proportions des objets.

Affiner les formes, marquer les contours des zones d'ombre.

Compléter la modélisation des formes en distribuant les tons.

CONSEILS :

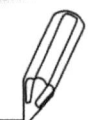

1. **TENEZ COMPTE DE LA RÈGLE DES TIERS :** Divisez votre surface de dessin en tiers, horizontalement et verticalement. Placez les éléments clés le long de ces lignes ou à leurs intersections pour créer un équilibre et un intérêt visuel.

2. **CRÉER UN POINT FOCAL :** Identifiez le sujet principal ou le point focal de votre dessin et placez-le bien en vue dans la composition. Utilisez le contraste, la taille ou l'emplacement pour attirer l'œil du spectateur sur ce point focal.

3. **ÉQUILIBRER LES ÉLÉMENTS :** Cherchez à équilibrer votre composition en répartissant le poids visuel de manière égale sur l'ensemble du dessin. Évitez de placer tous les éléments d'un côté ou d'un coin, car cela peut rendre la composition déséquilibrée et instable.

4. **UTILISEZ L'ESPACE NÉGATIF :** Ne négligez pas l'importance des espaces négatifs dans votre composition. Utilisez les zones vides de manière stratégique pour mettre l'accent sur votre sujet et créer un équilibre visuel.

Pourquoi la composition est-elle importante pour dessiner des portraits ?

Les portraits peuvent varier considérablement en fonction de leur composition, car celle-ci dicte la manière dont le sujet est présenté dans l'œuvre d'art. Elle sert de chef d'orchestre silencieux à la symphonie d'un portrait, guidant l'œil du spectateur à travers un récit captivant d'émotion, de personnalité et de profondeur.

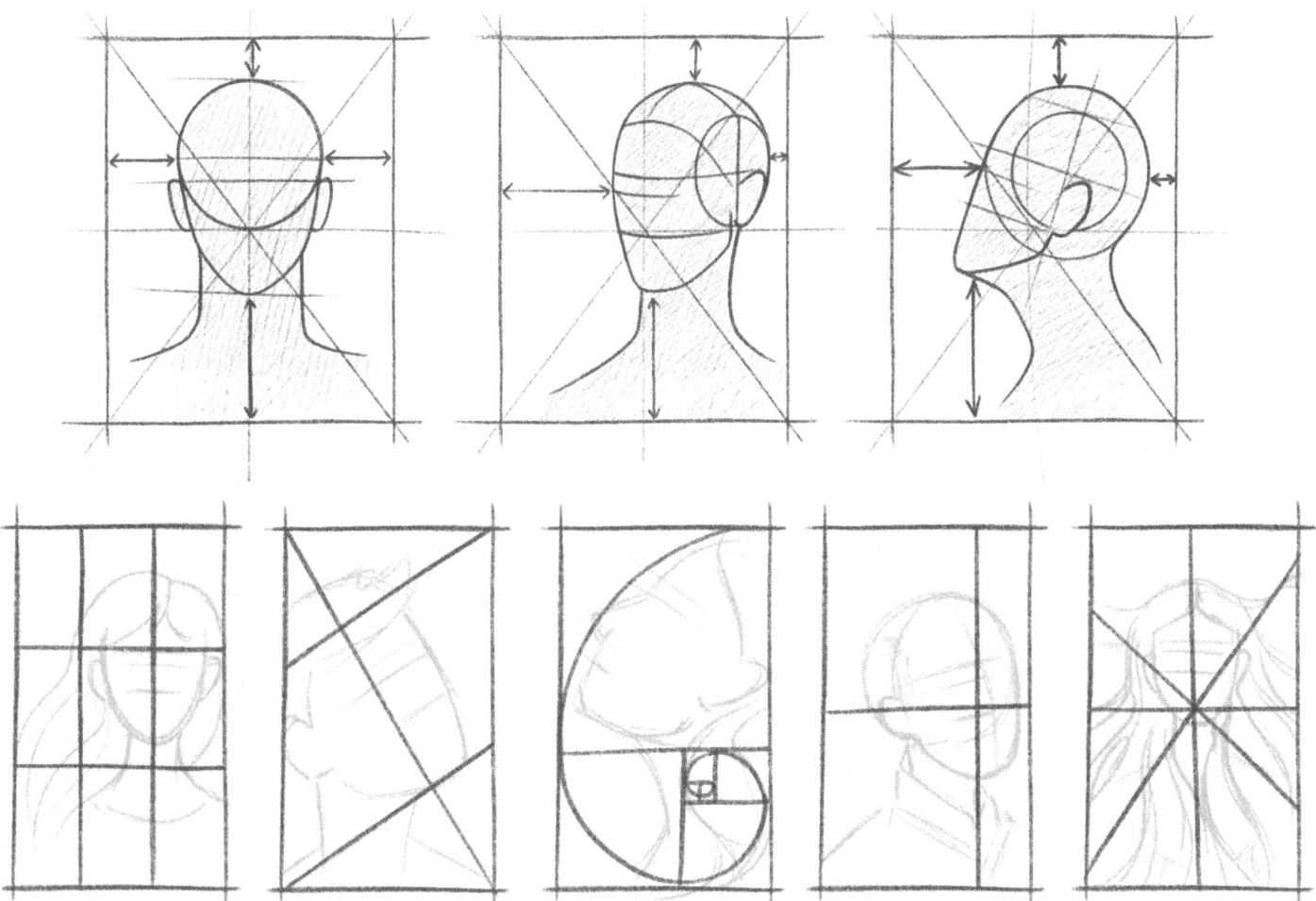

En utilisant les compétences que vous venez d'acquérir, dessinez les compositions données, en suivant les

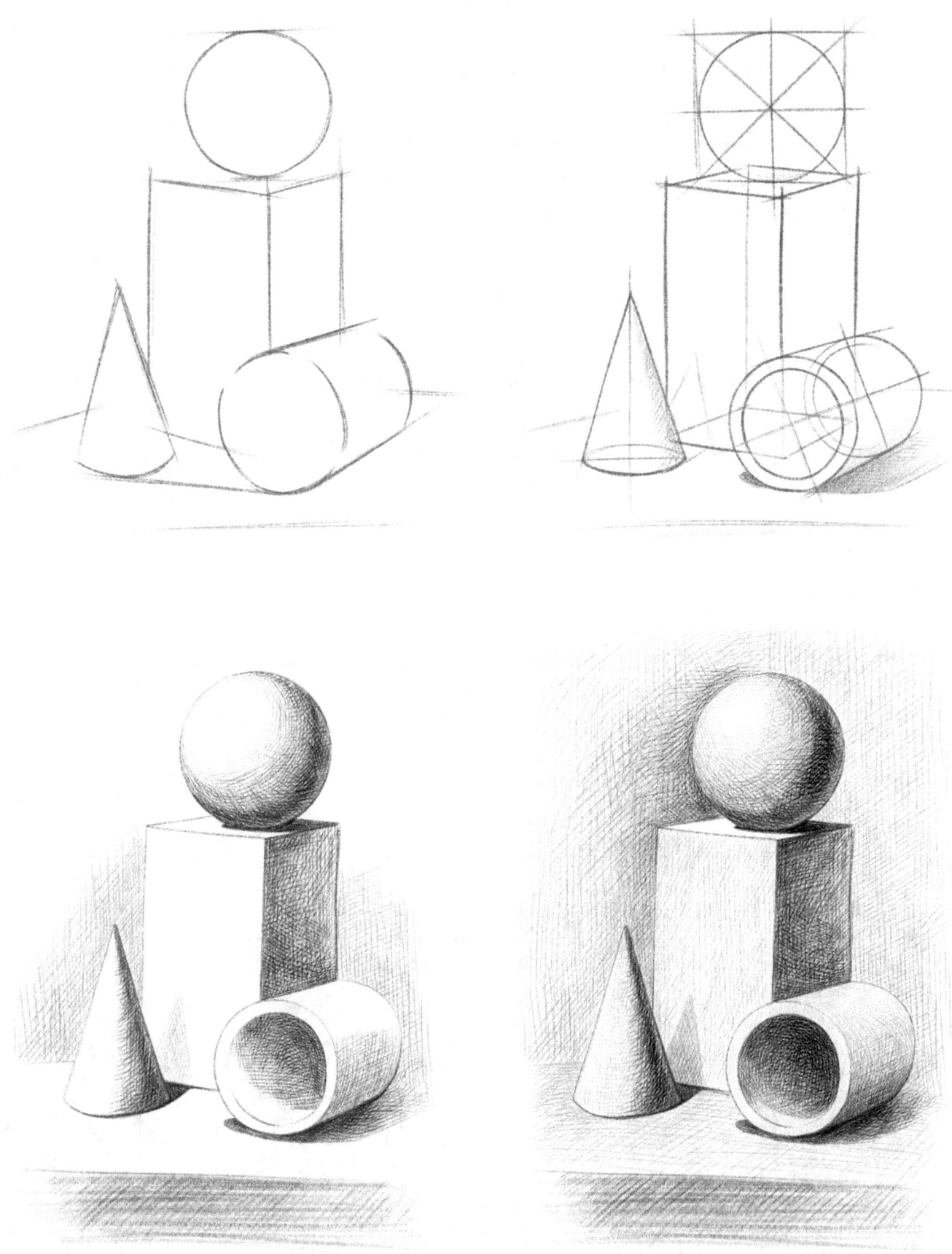

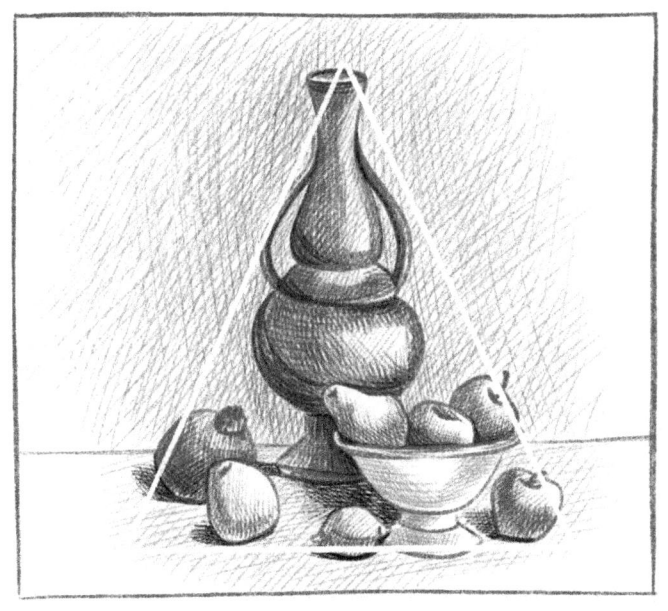
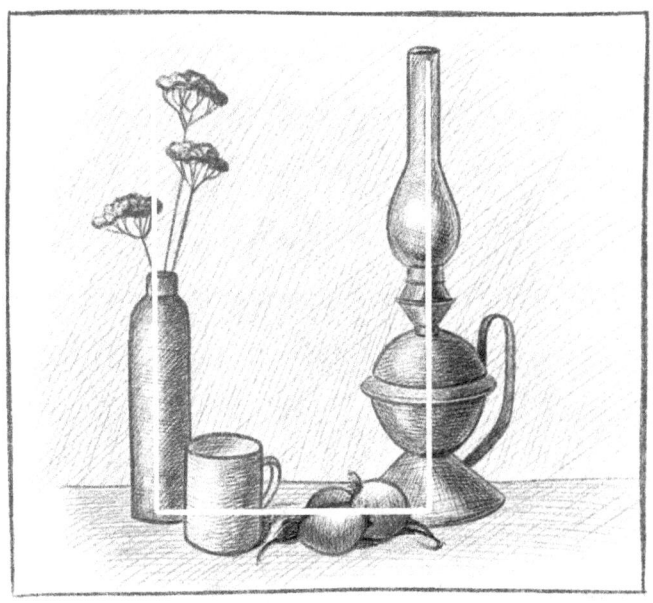
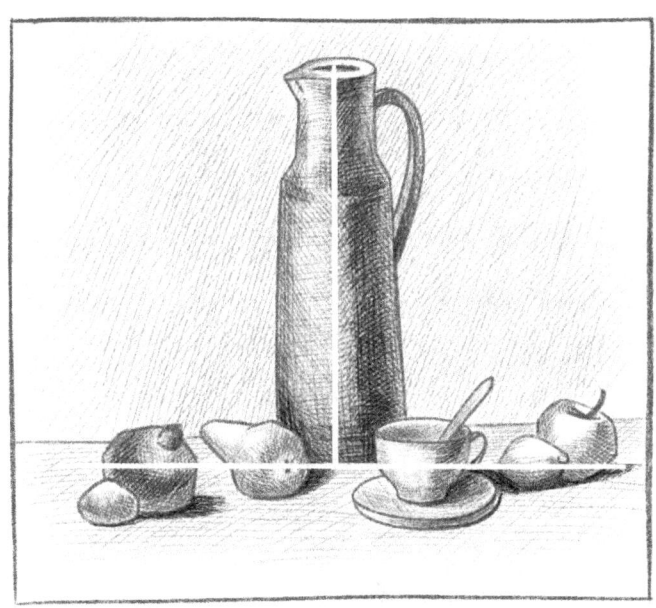
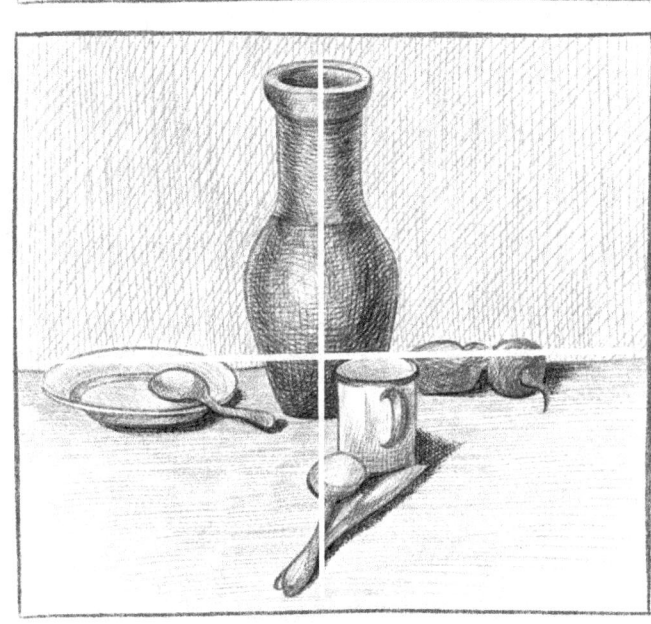
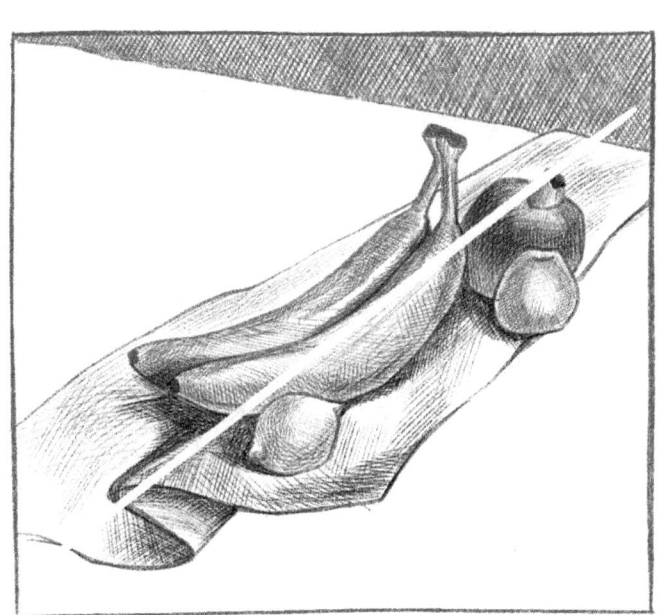
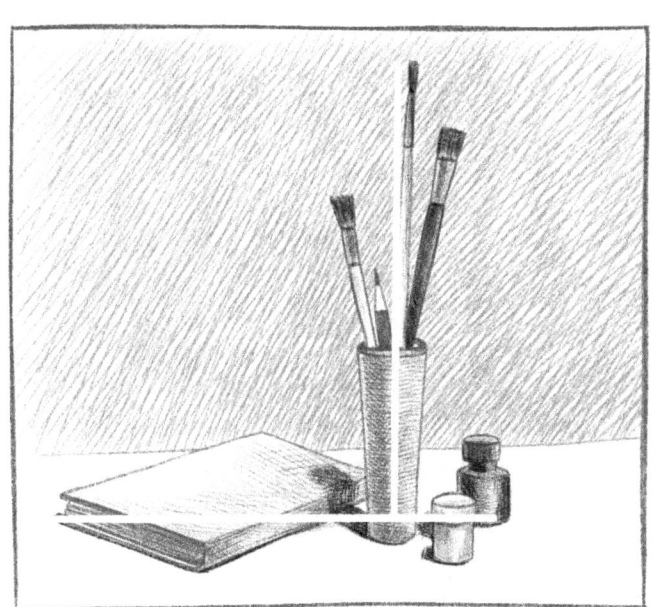

PERSPECTIVE

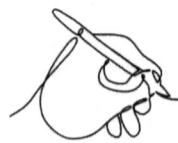 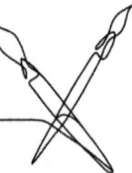

Notre perception du monde qui nous entoure est étroitement liée aux principes de la perspective. Dans le domaine du croquis, la perspective est un outil puissant pour créer l'illusion d'un espace tridimensionnel. Le respect des règles de la perspective est essentiel pour réaliser des dessins qui paraissent réalistes et crédibles. En termes simples, la perspective ajoute de la profondeur, de la dimension et des relations spatiales à une œuvre d'art, ce qui permet d'obtenir une représentation réaliste.

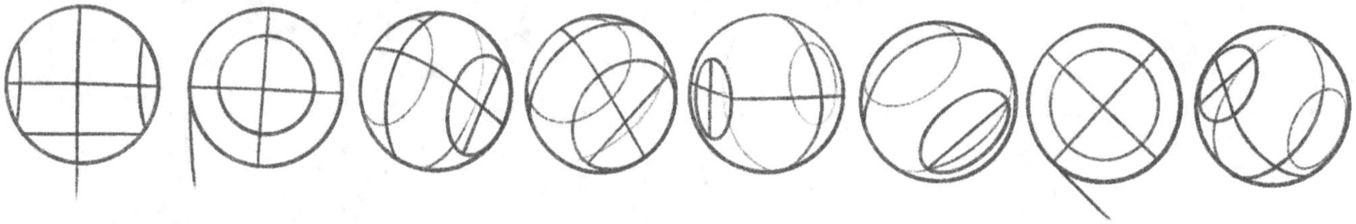

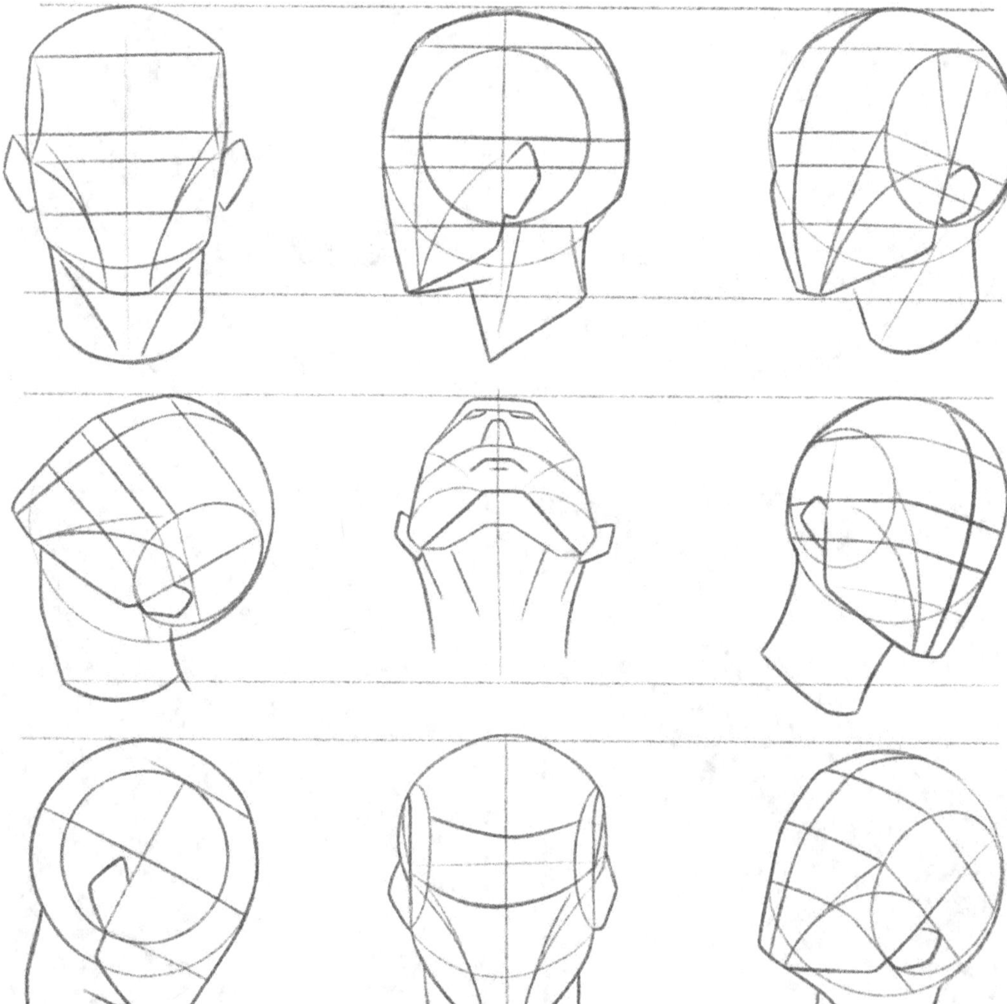

En manipulant la perspective, les artistes peuvent donner une impression de forme et de distance entre les objets, en s'assurant qu'ils sont vus sous différents angles. Ce jeu dynamique de perspectives permet aux spectateurs de comprendre les multiples facettes de l'œuvre d'art dès la première observation. Voyons maintenant comment dessiner un portrait sous différents angles !

ÉTAPE 1 :

ÉTAPE 2 :

ÉTAPE 3 :

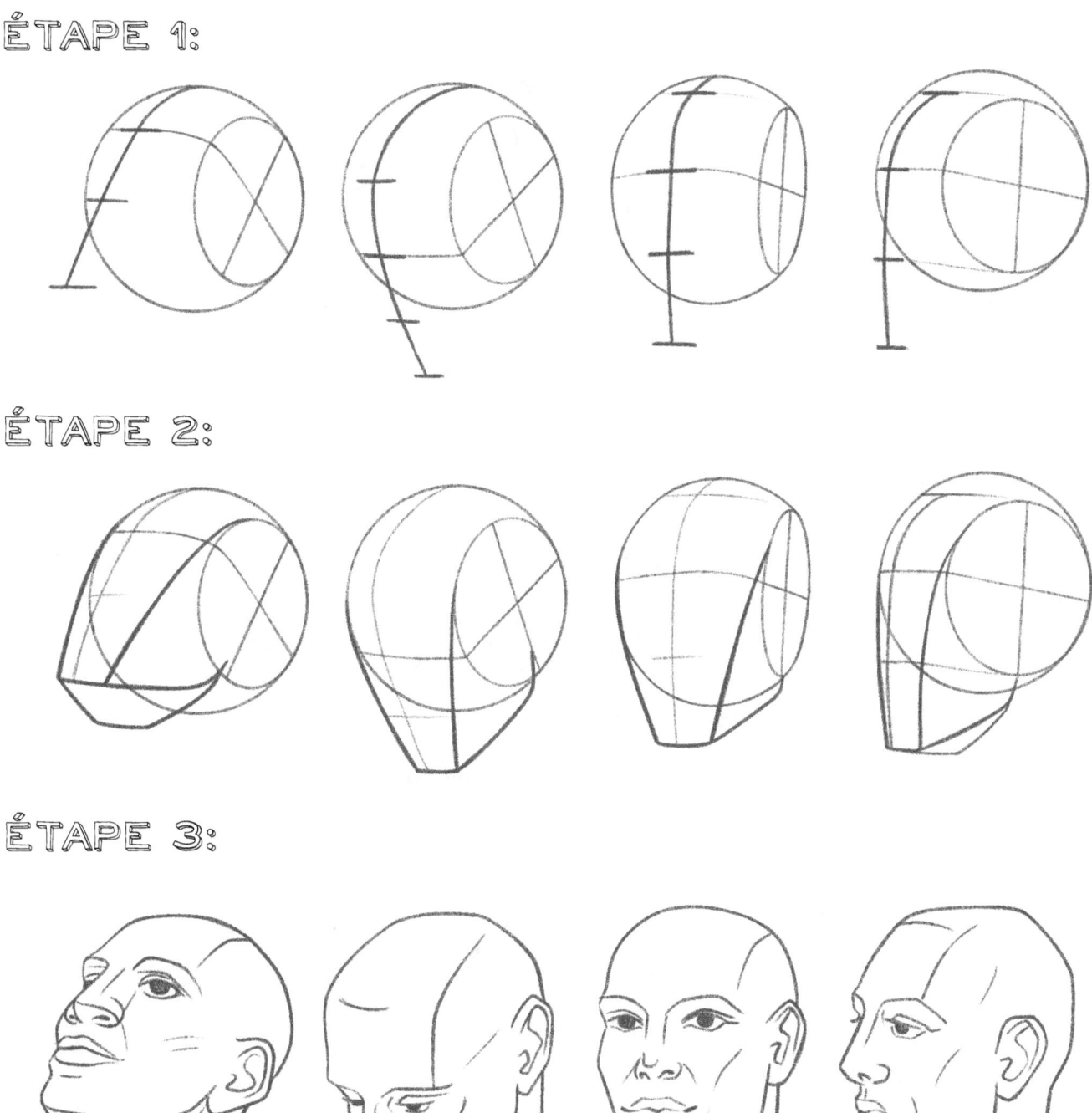

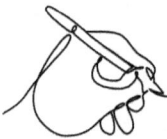
PORTRAIT DE FEMME
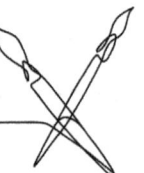

Dans la diversité des traits du visage, les femmes présentent un éventail de caractéristiques qui contribuent à leur beauté unique. Chaque personne possède des caractéristiques faciales uniques, mais si vous souhaitez rendre un portrait plus féminin, tenez compte des éléments suivants :

La taille et la forme des yeux varient également d'un sexe à l'autre, les femmes ayant souvent des yeux plus grands et plus expressifs que les hommes.

Les femmes ont souvent des contours de visage plus doux et plus arrondis.

En outre, les femmes ont tendance à avoir un nez plus petit et moins prononcé.

Les lèvres varient en volume et en forme, les femmes arborant souvent des lèvres plus pulpeuses et plus arrondies.

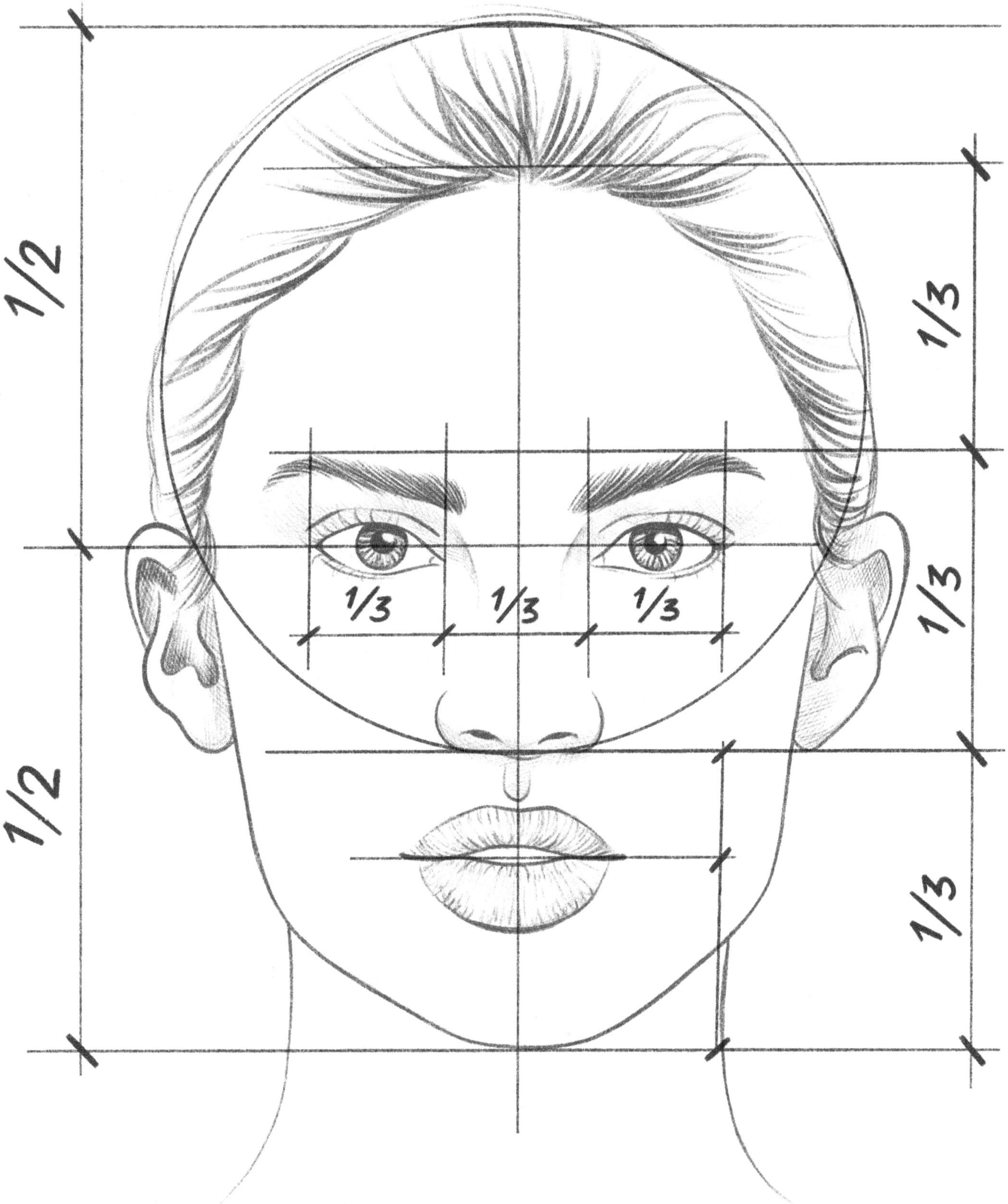

PROPORTIONS

1/2

1/3

1/3 1/3 1/3

1/3

1/2

1/3

DEVANT

OEIL :

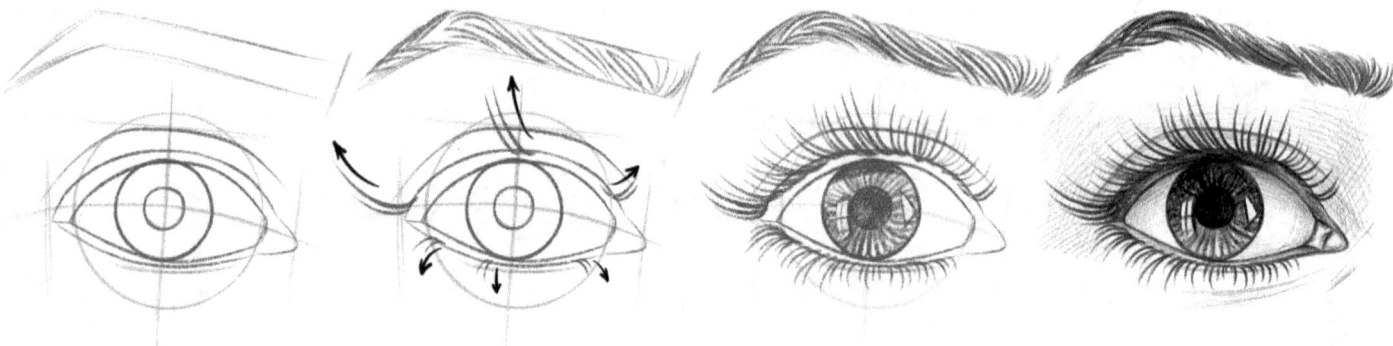

NEZ :

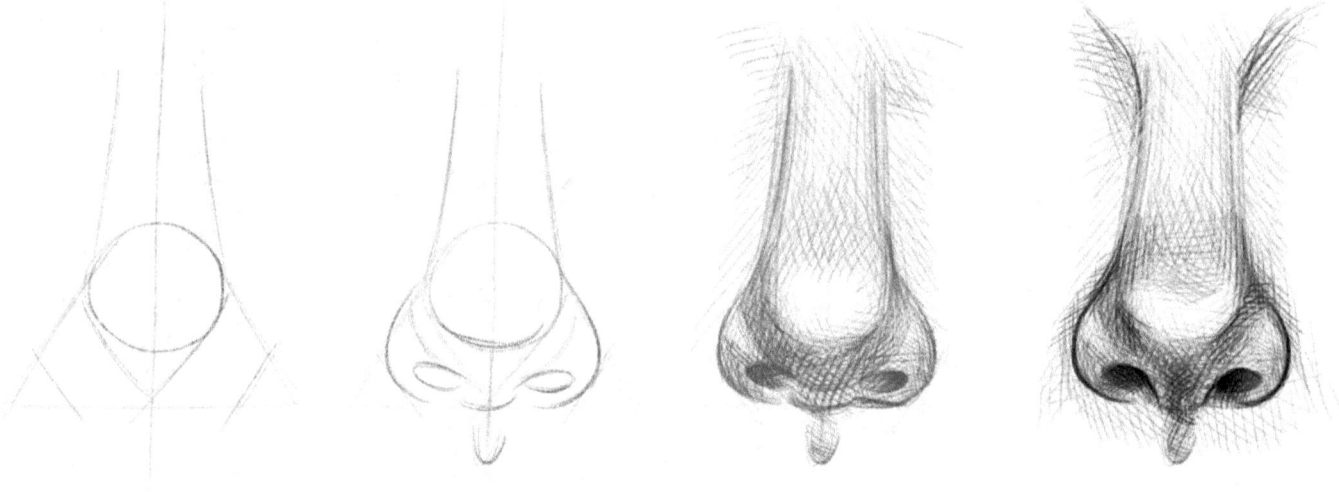

BOUCHE :

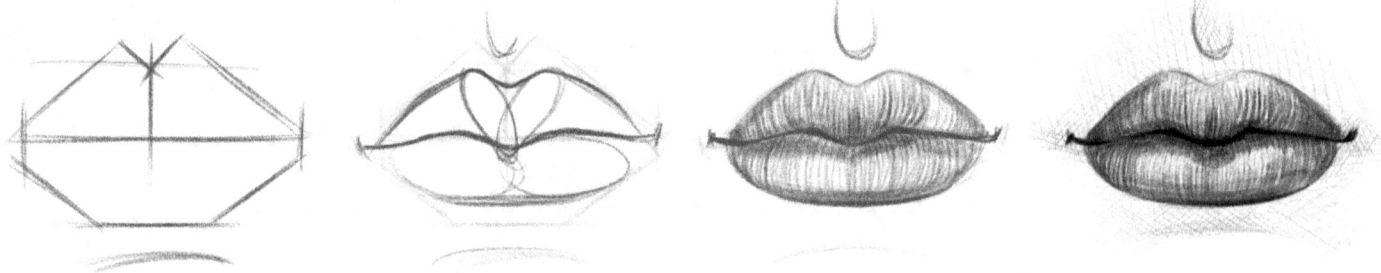

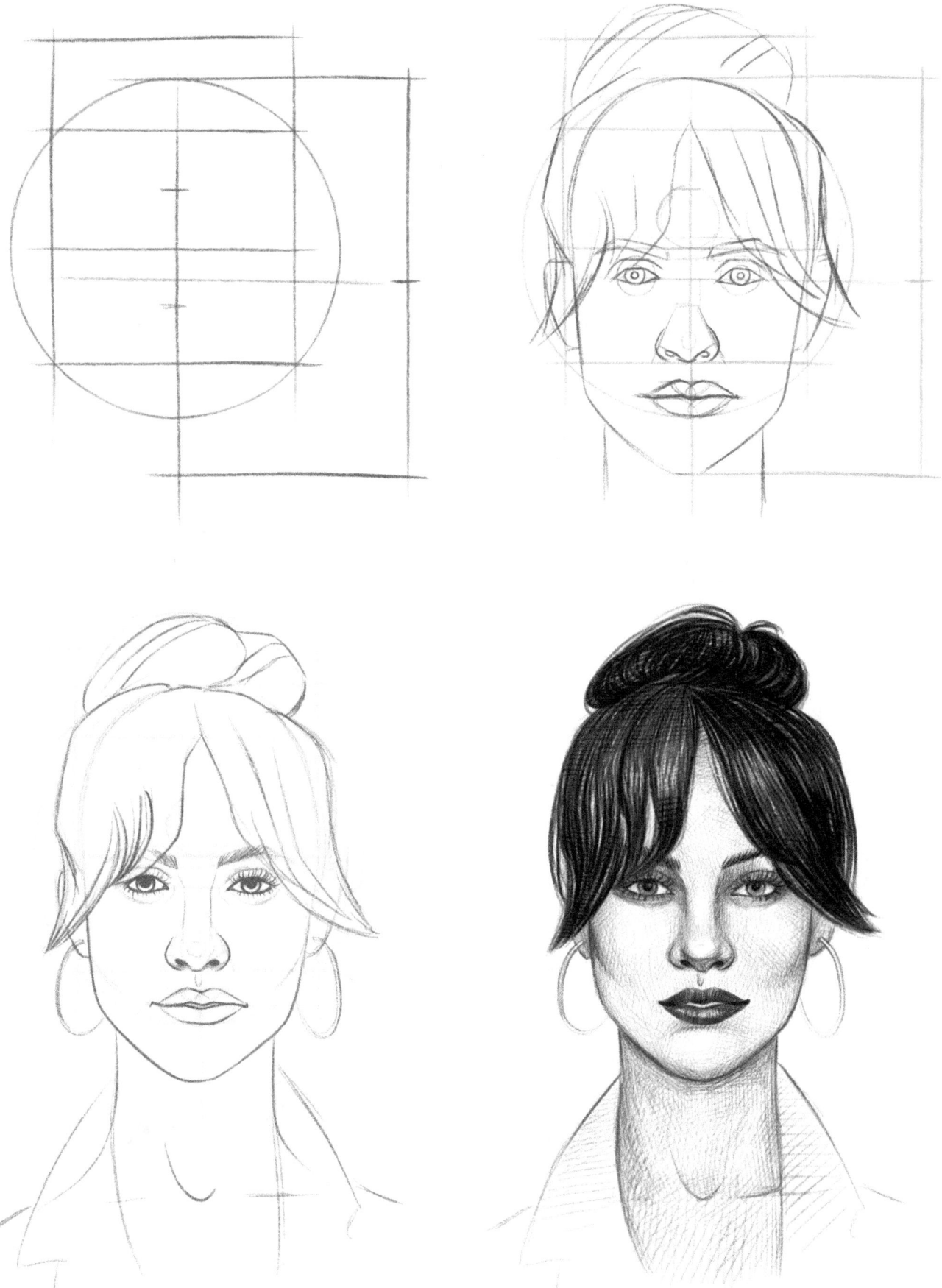

3/4

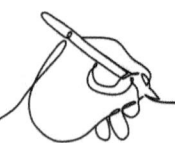 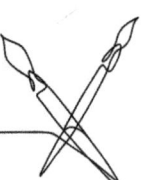

OEIL :

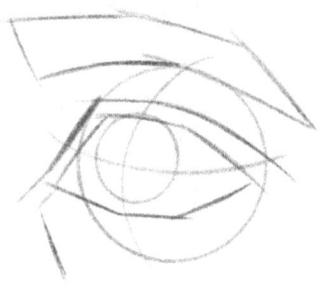 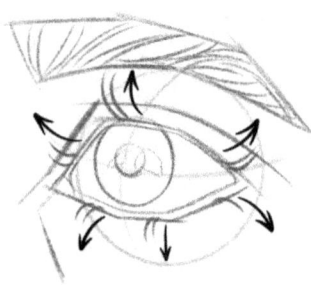 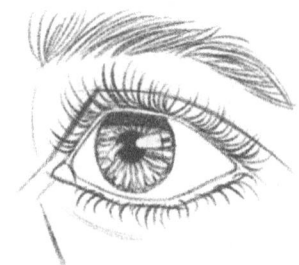 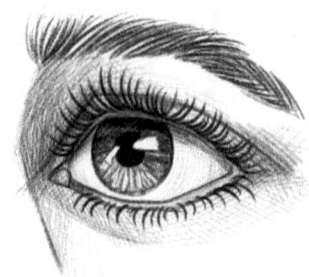

NEZ :

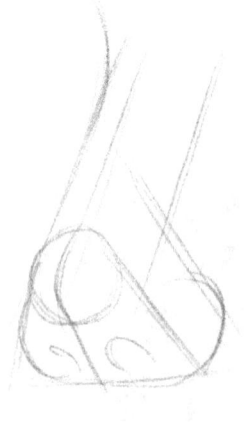 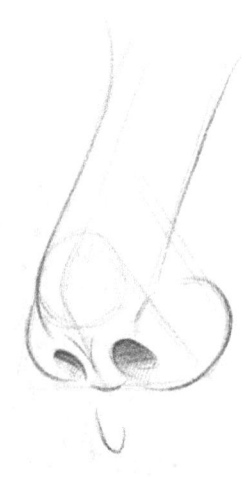 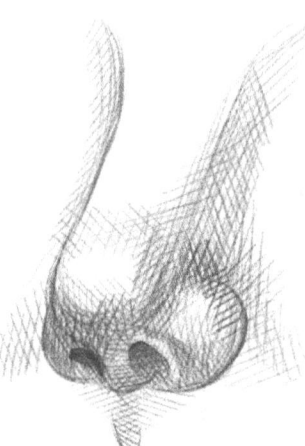 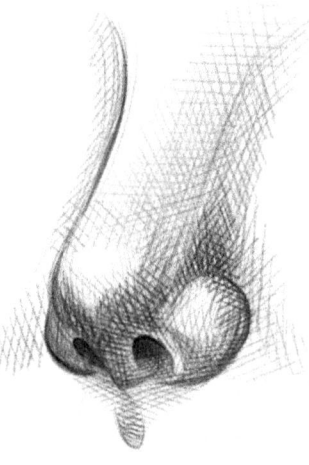

BOUCHE :

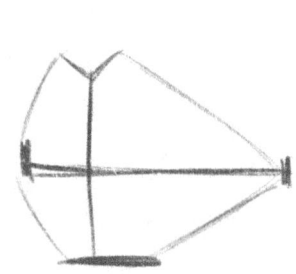 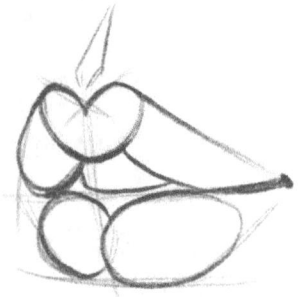 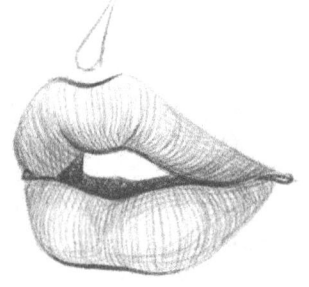 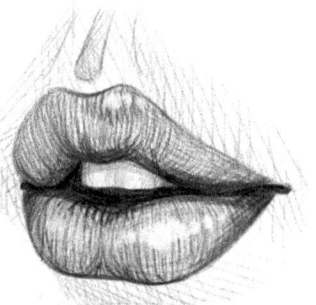

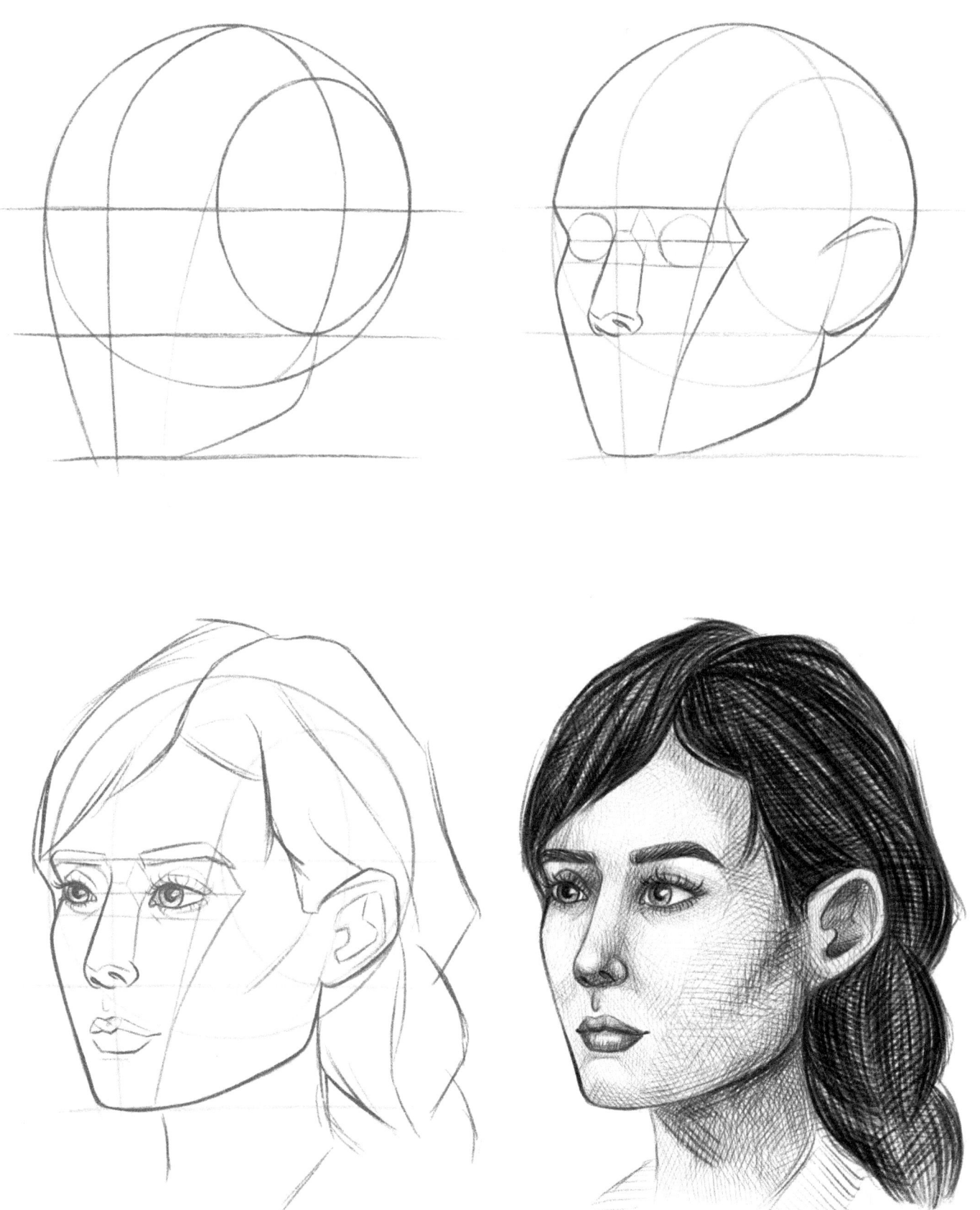

CÔTÉ

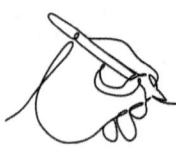 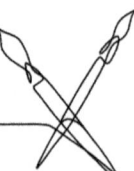

OEIL :

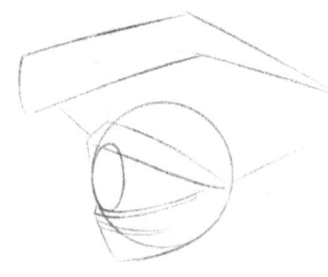 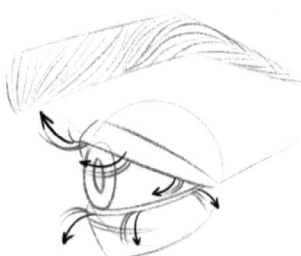 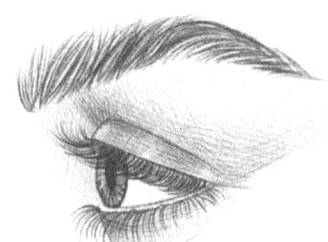 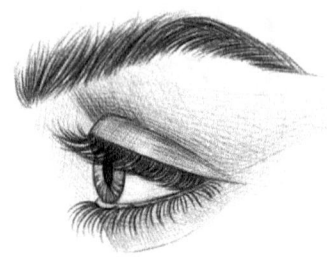

NEZ :

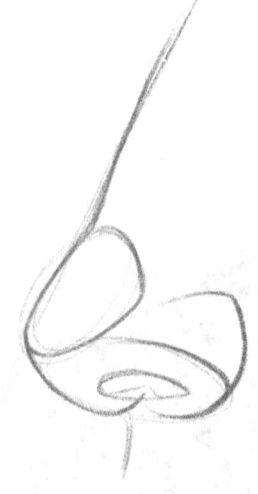 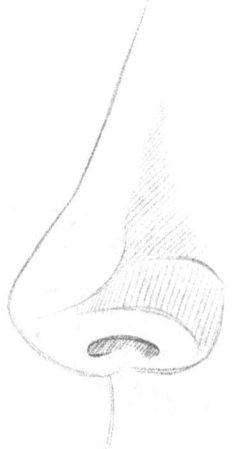 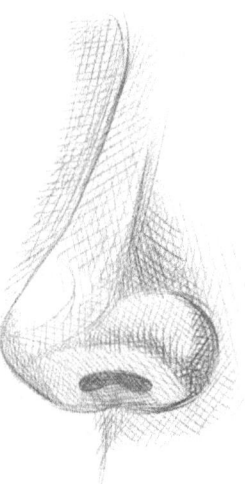 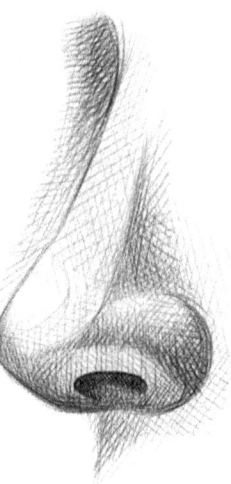

BOUCHE :

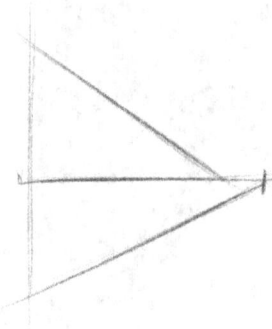 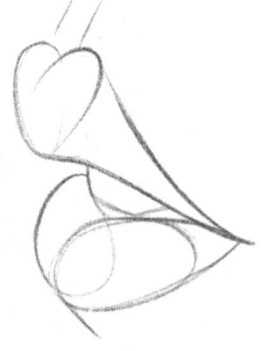 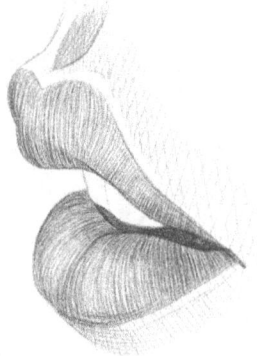 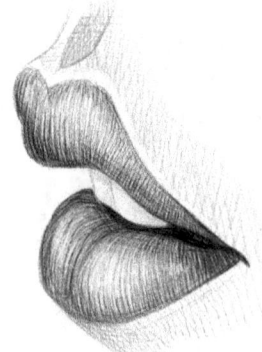

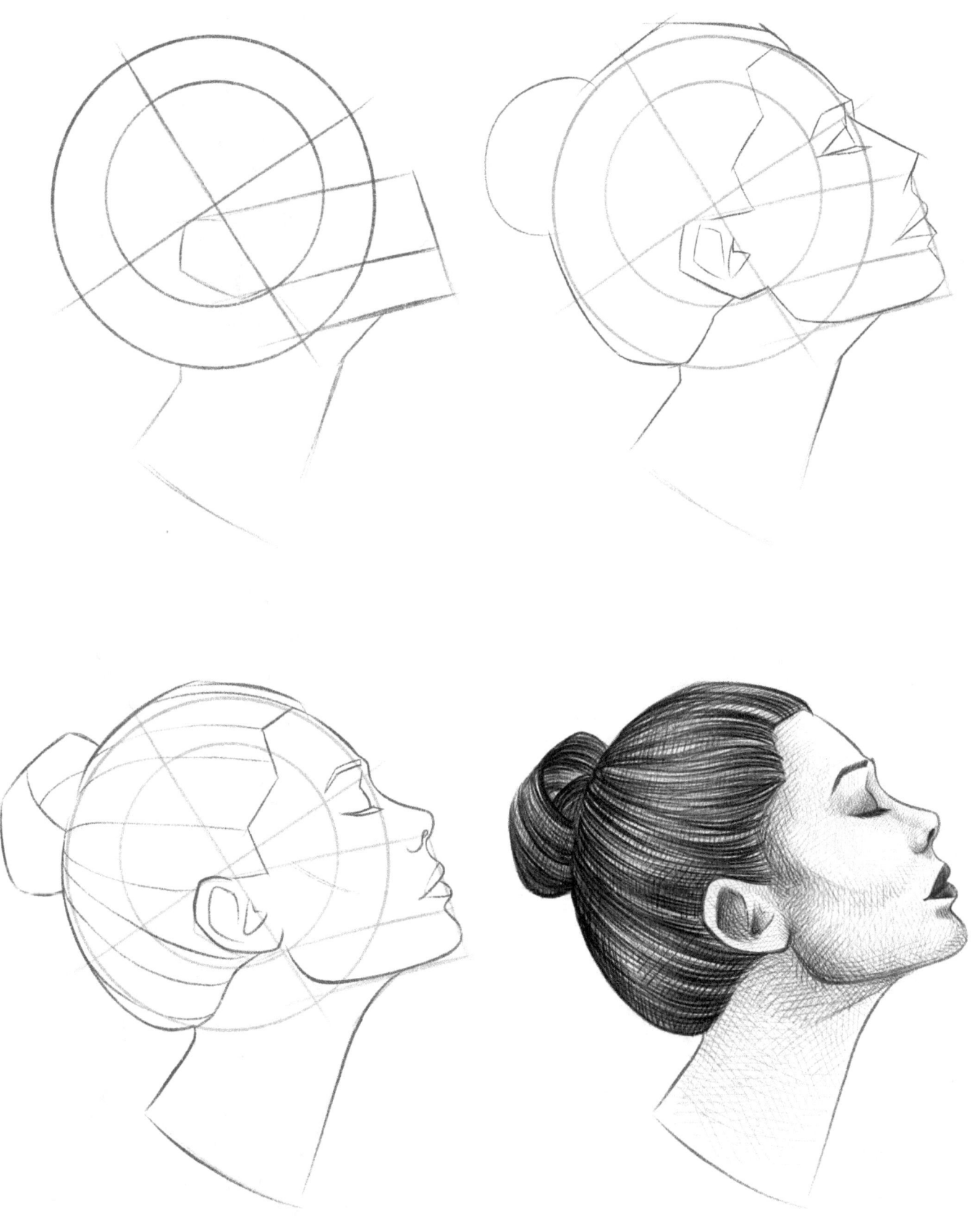

TUTORIELS SUPPLÉMENTAIRES

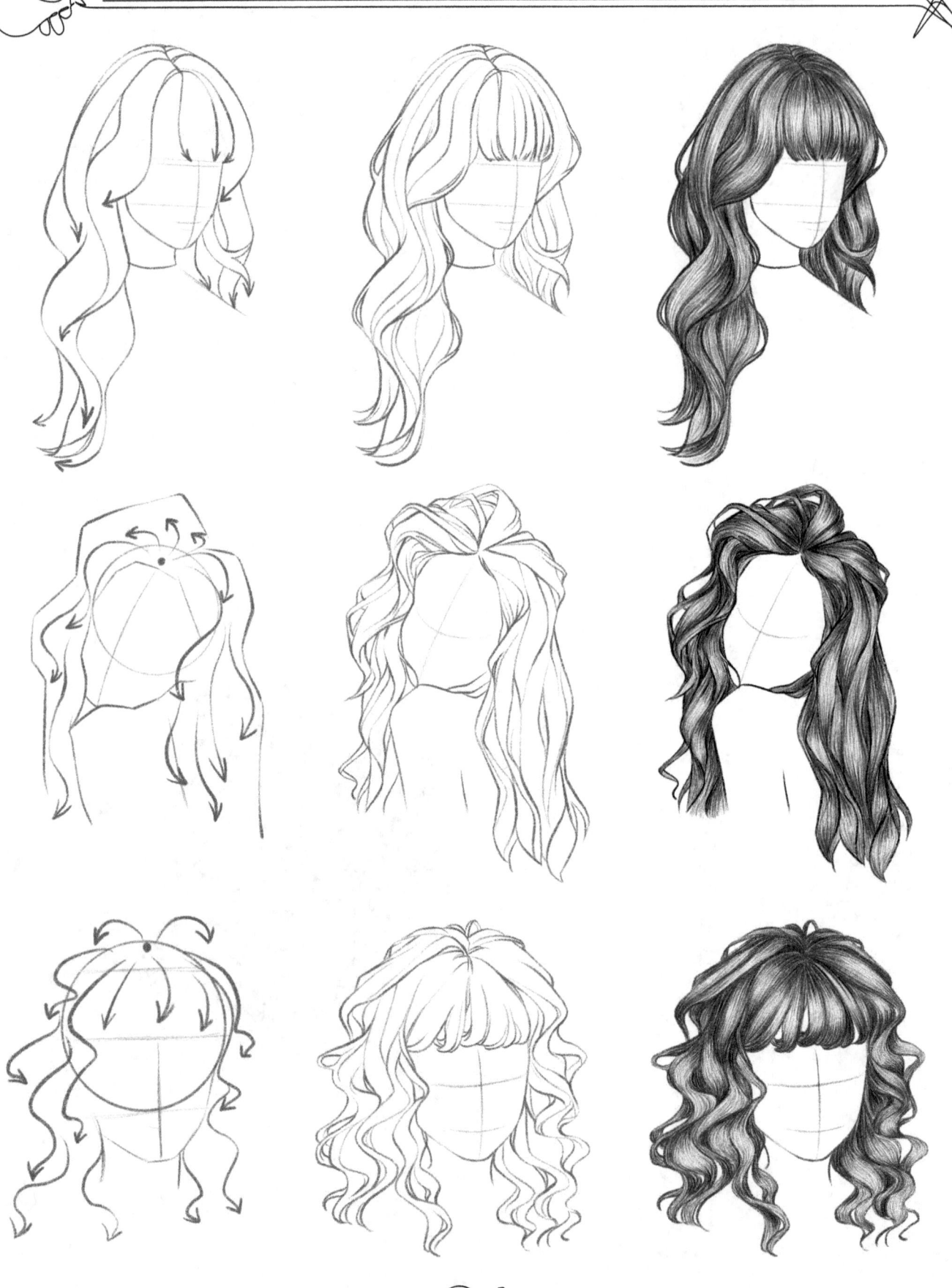

D'AUTRES COIFFURES POUR VOTRE INSPIRATION

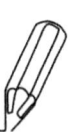

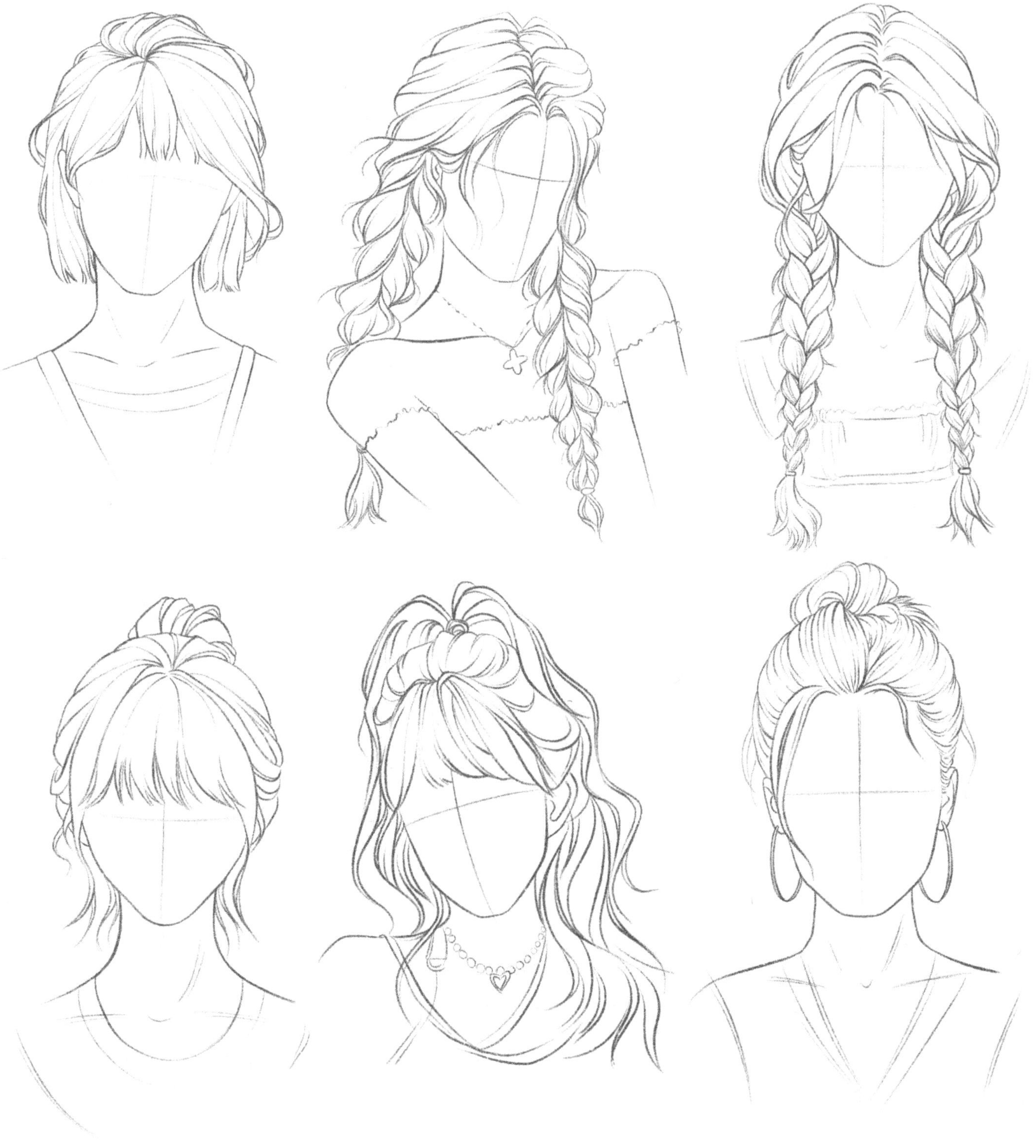

PORTRAIT D'HOMME

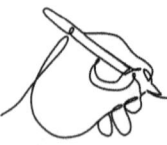
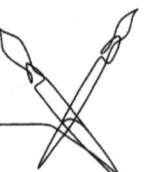

À l'instar des femmes, chaque homme possède des traits de visage qui lui sont propres. Nous examinerons ici les caractéristiques généralement associées à la masculinité et les facteurs à prendre en compte si vous souhaitez obtenir une apparence plus robuste.

Les hommes ont généralement des traits plus nets et anguleux.

Les yeux des hommes peuvent paraître légèrement plus petits et plus anguleux que ceux des femmes. Ils ont également des cils plus courts et moins prononcés que les femmes.

La structure du nez diffère également, les hommes ayant généralement un nez plus proéminent, caractérisé par des narines plus larges.

Les hommes peuvent également avoir des lèvres plus définies et plus anguleuses.

Un autre contraste notable réside dans les sourcils, les hommes ayant tendance à avoir des formes plus épaisses, plus droites et plus plates, avec une arche moins prononcée que les sourcils féminins.

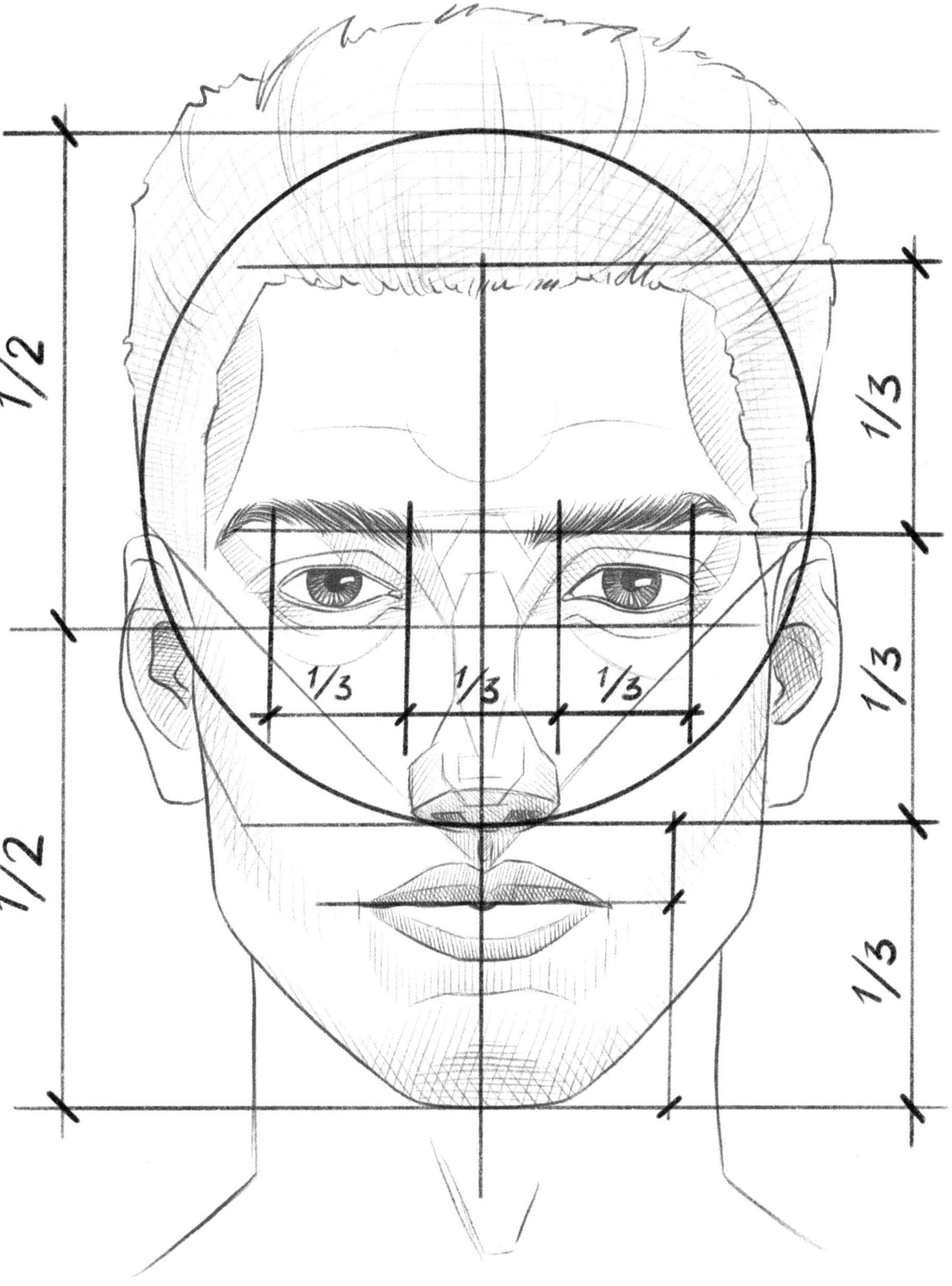

PROPORTIONS

1/2   1/3

1/3   1/3   1/3   1/3

1/2   1/3

37

DEVANT

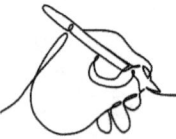 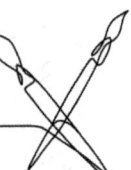

OEIL :

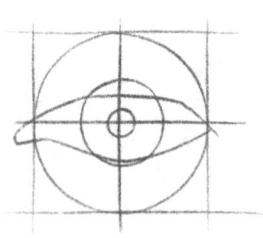 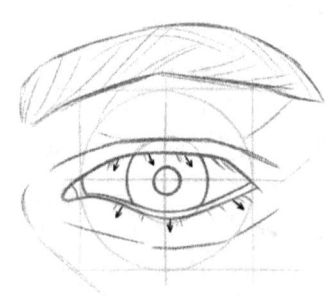 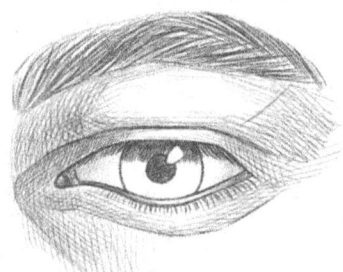 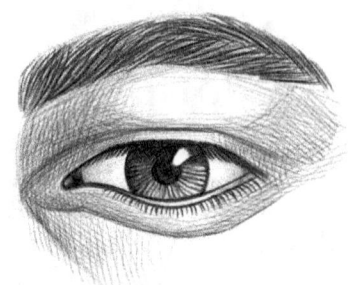

NEZ :

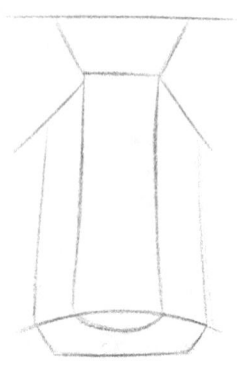 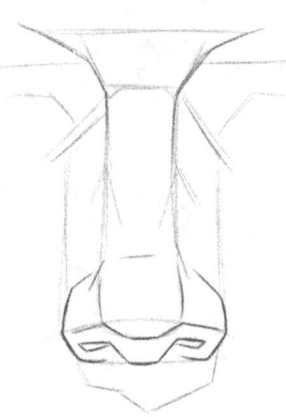 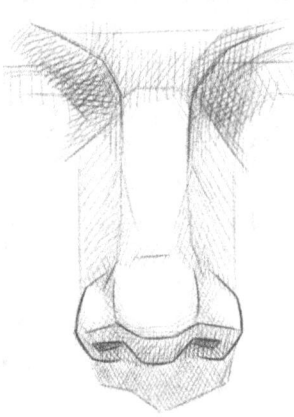 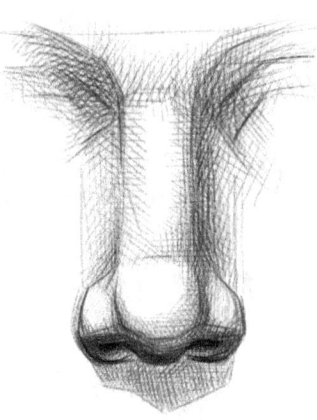

BOUCHE :

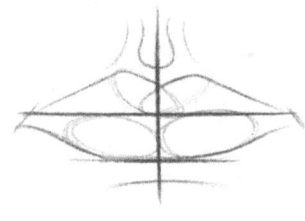 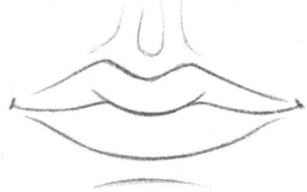 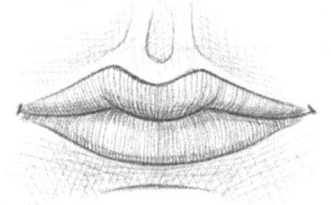 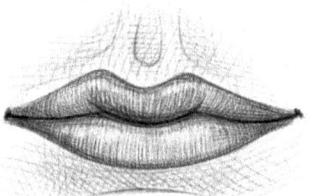

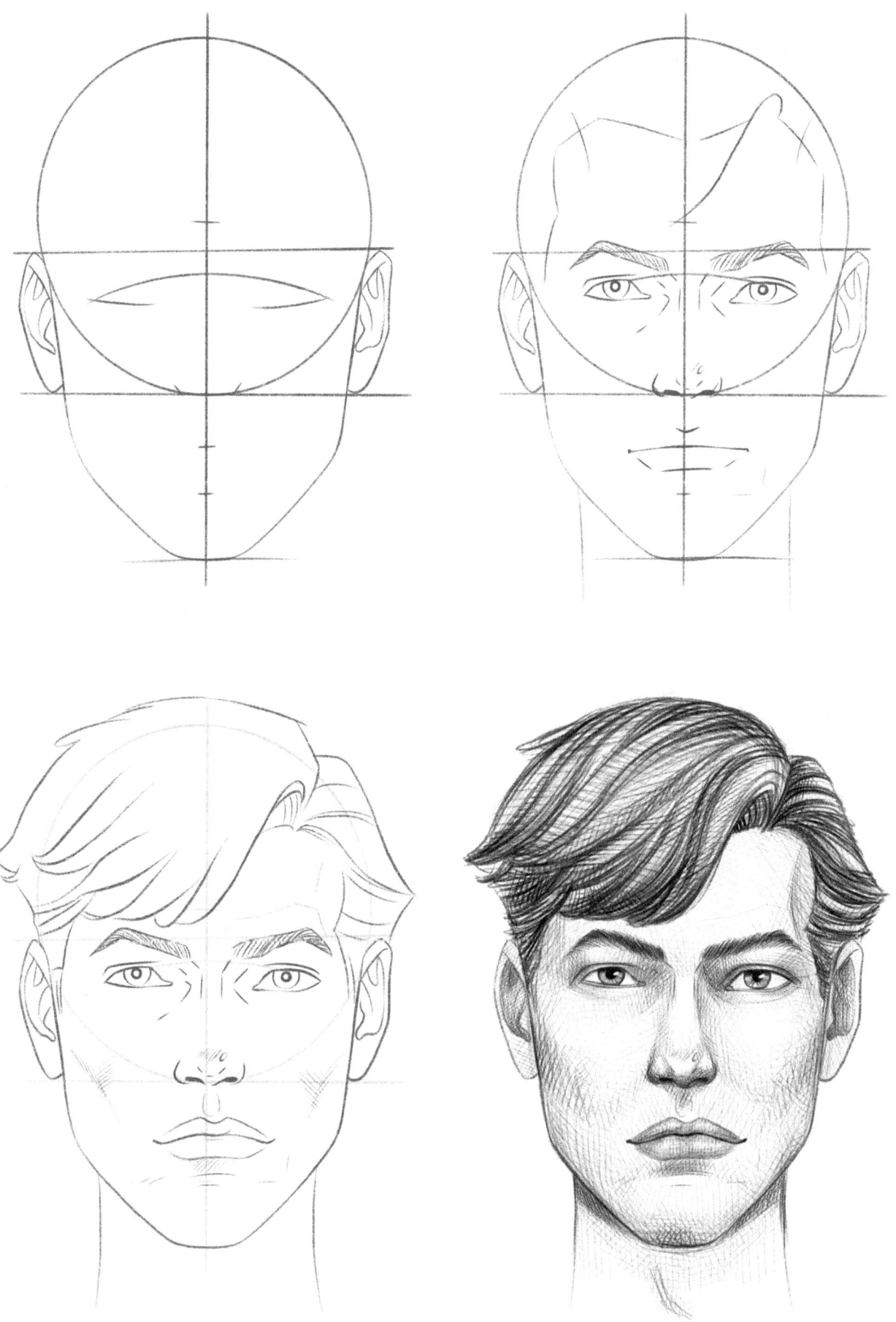

3/4

OEIL :

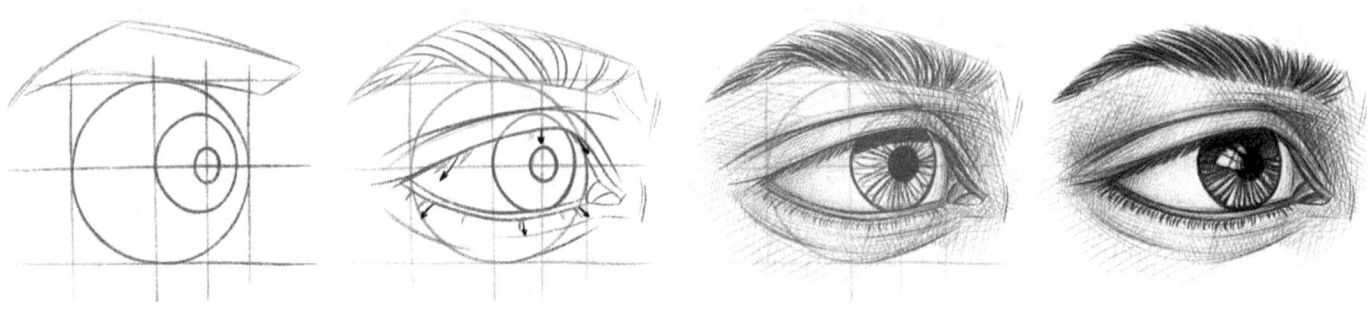

NEZ :

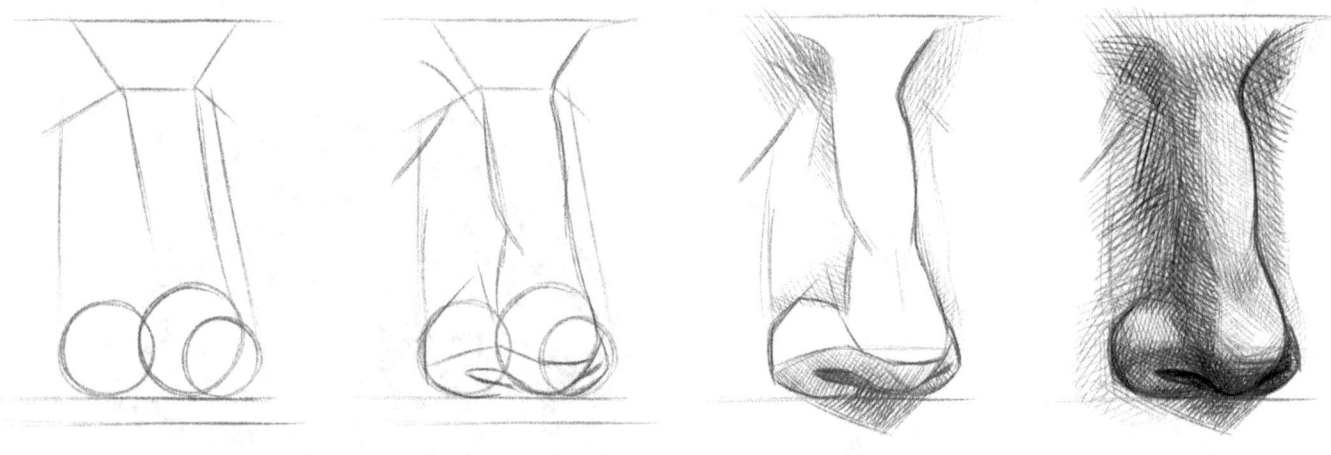

BOUCHE :

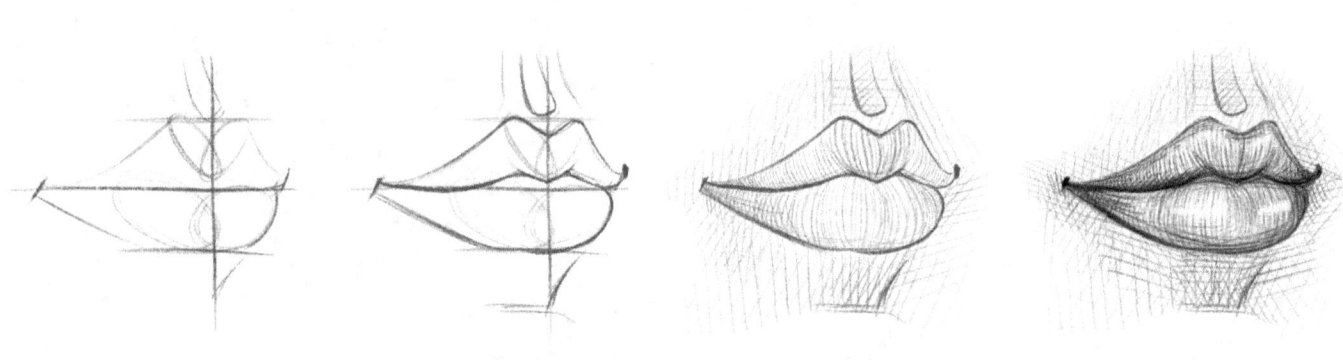

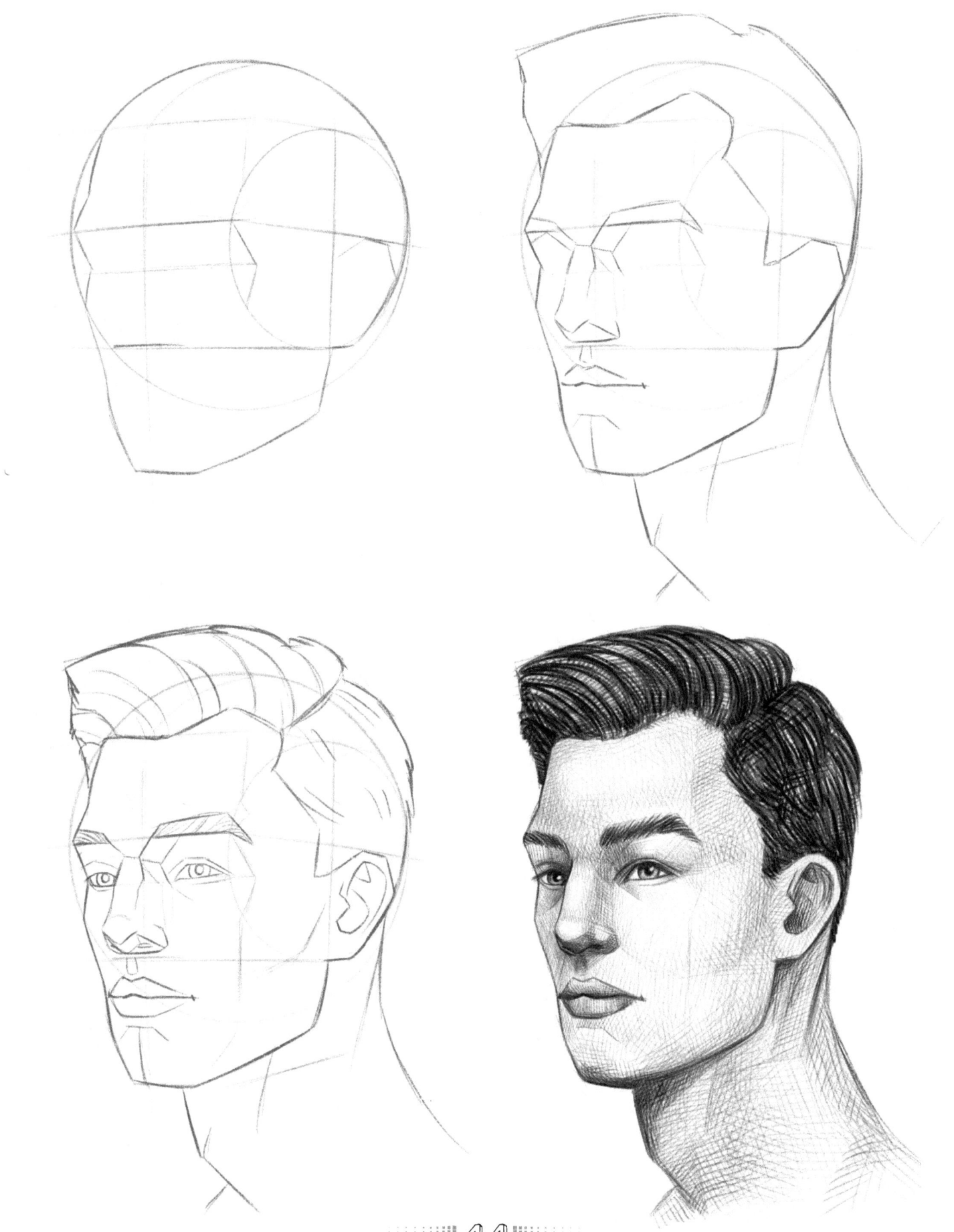

CÔTÉ

OEIL :

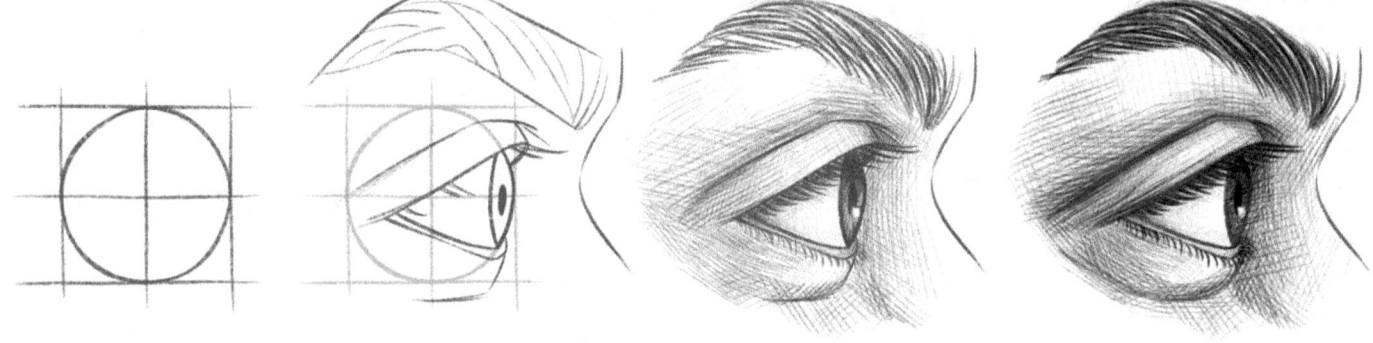

NEZ :

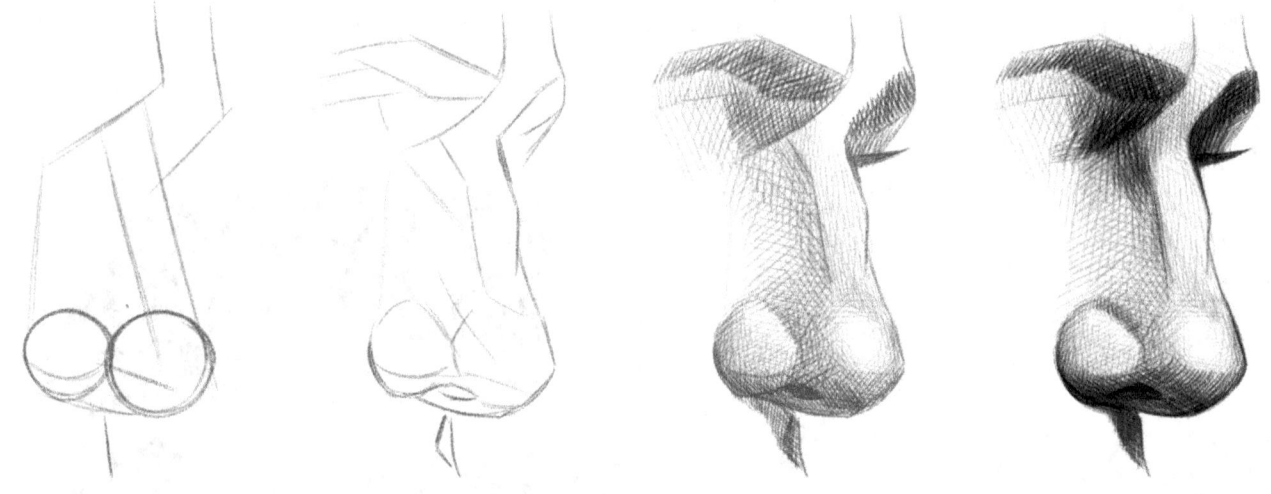

BOUCHE :

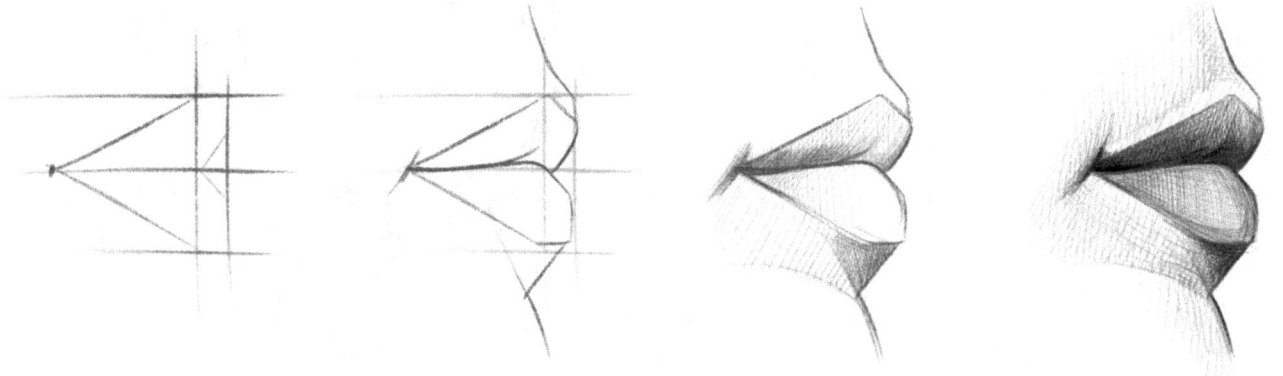

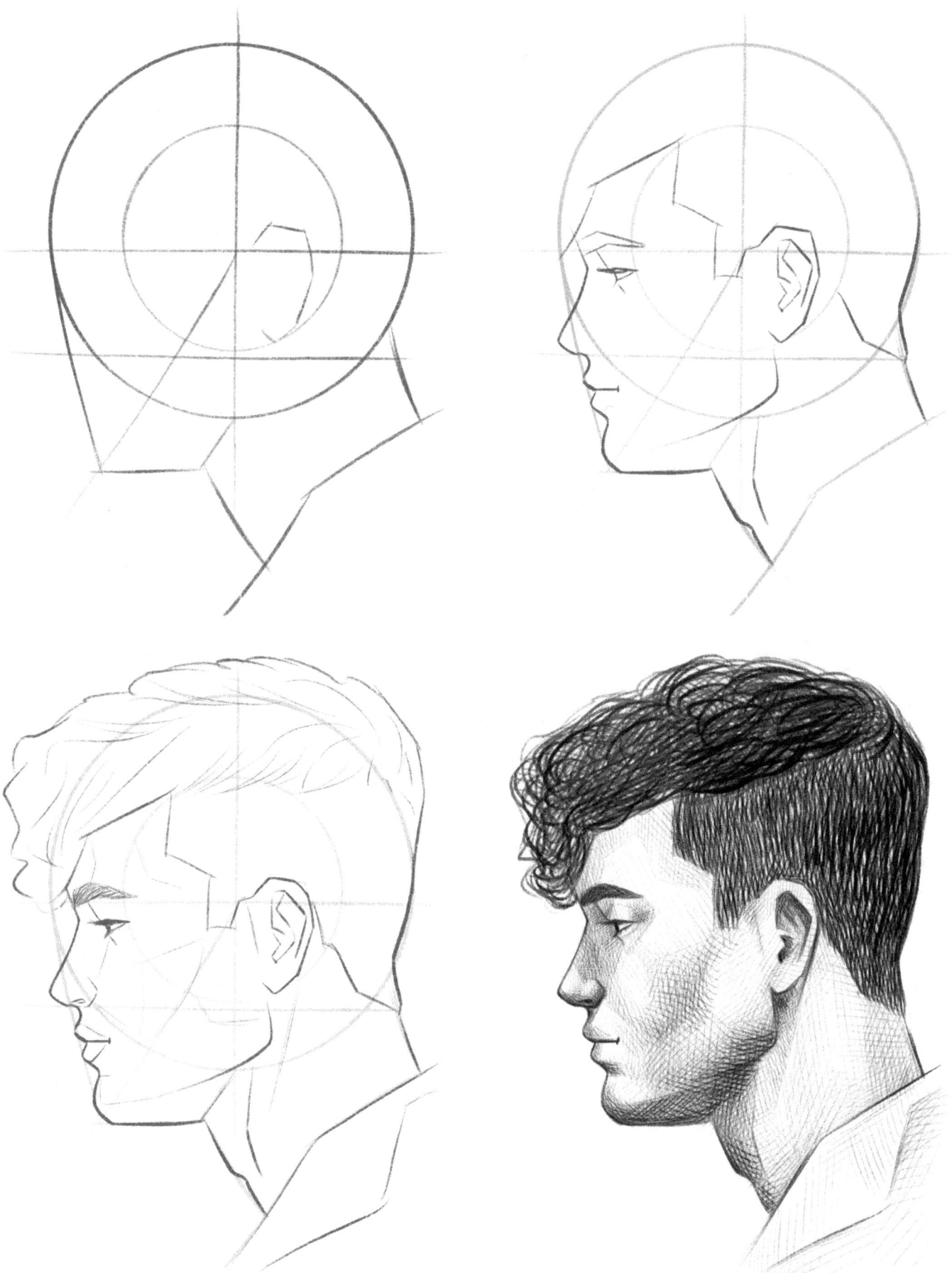

TUTORIELS SUPPLÉMENTAIRES

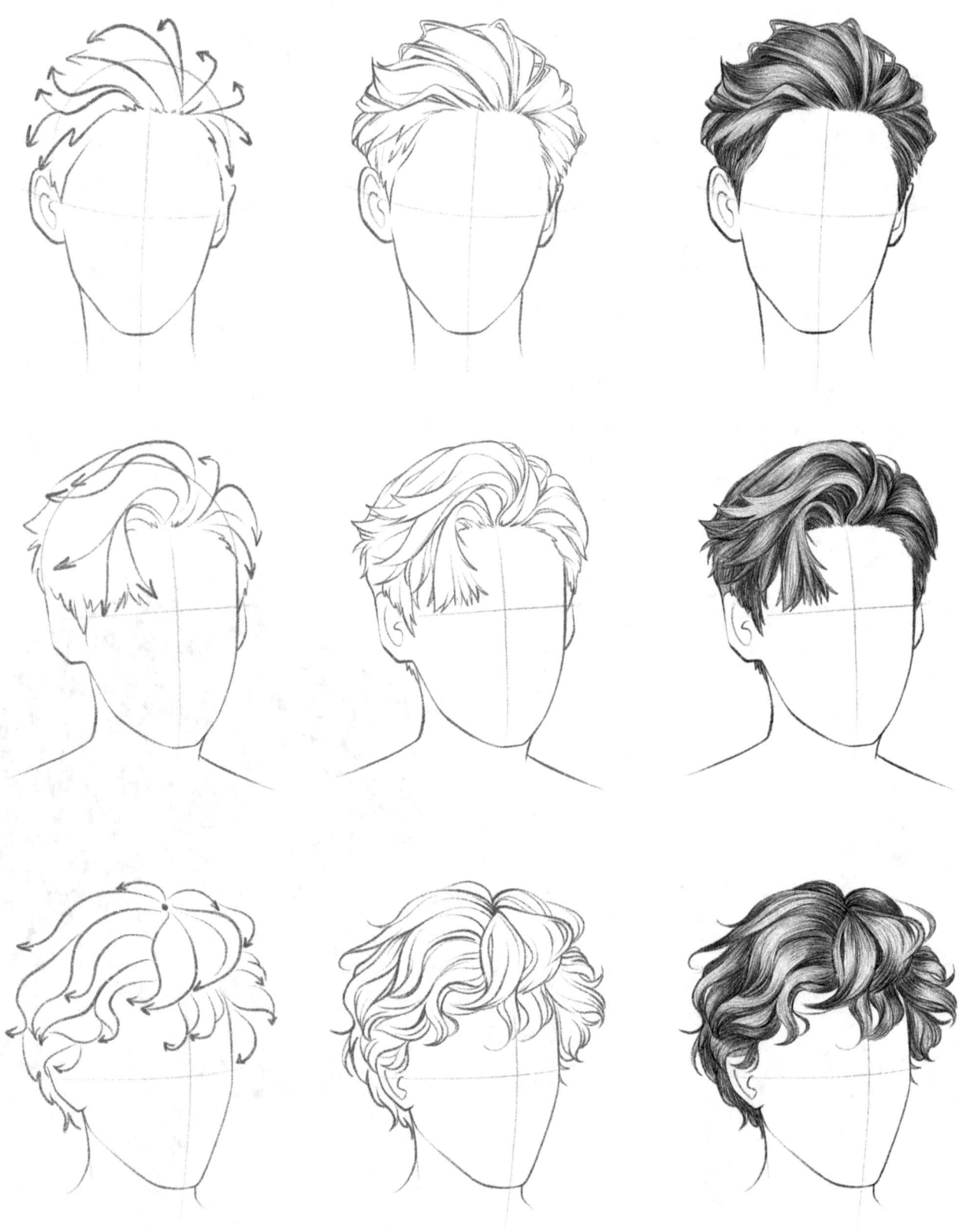

D'AUTRES COIFFURES POUR VOTRE INSPIRATION

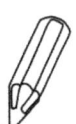

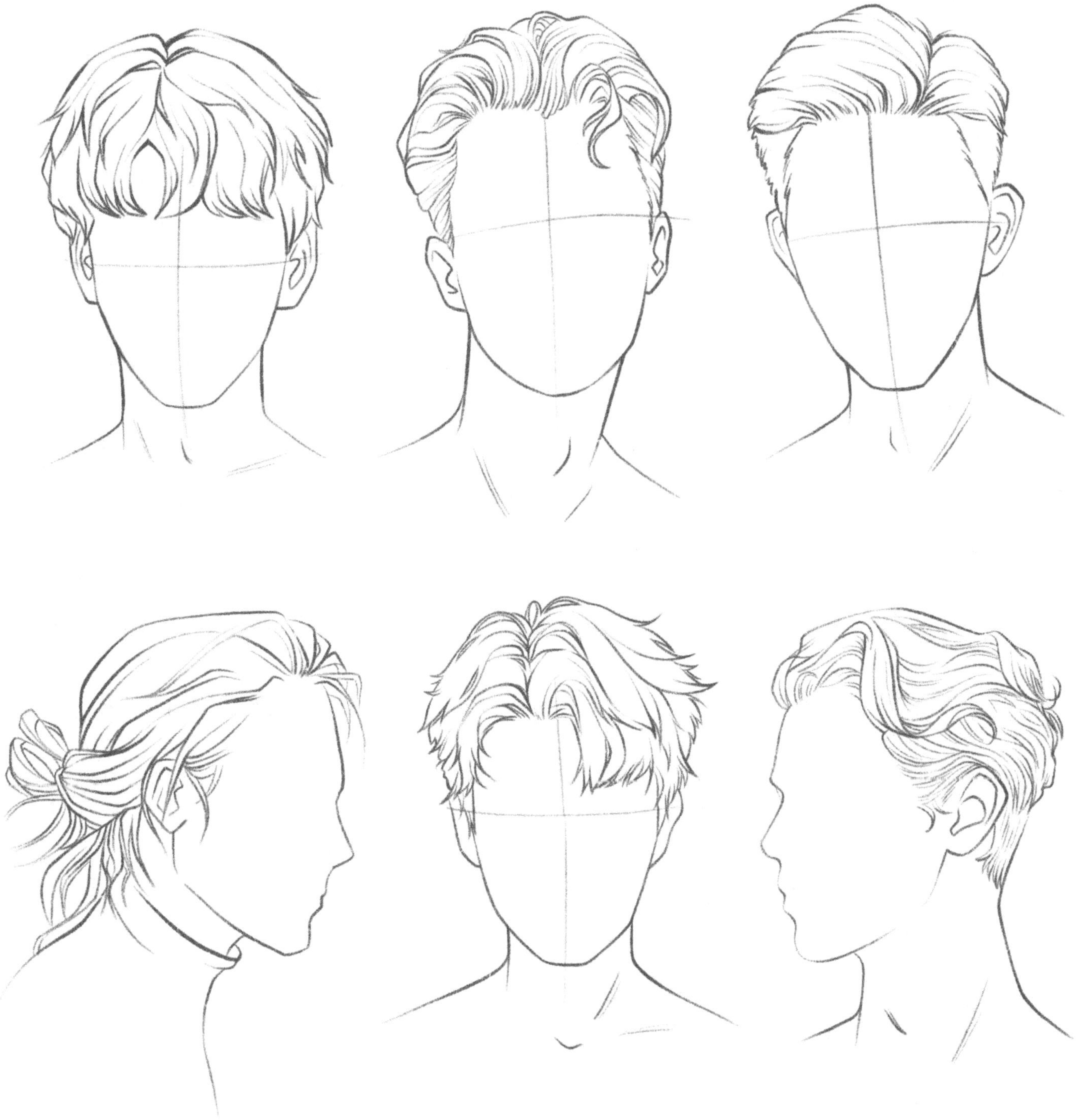

TRANSMETTRE DES ÉMOTIONS

Lorsqu'on dessine des portraits, pour transmettre efficacement les émotions, il faut comprendre comment les différents traits et expressions du visage contribuent à l'expression de différents sentiments.

CONSEIL :

Lorsque vous dessinez des portraits, prêtez attention aux nuances subtiles des expressions faciales et du langage corporel afin de capturer avec précision l'émotion souhaitée. Expérimentez différentes techniques, telles que la variation de l'épaisseur du trait, l'ombrage et les palettes de couleurs, afin d'évoquer des sentiments spécifiques et de créer des portraits à forte résonance émotionnelle.

Voici quelques caractéristiques clés des émotions courantes et des techniques pour les représenter :

BONHEUR/JOIE :
Un sourire avec des joues montantes et des plis autour des yeux (pattes d'oie) indique un bonheur authentique. Les yeux peuvent se plisser légèrement et les sourcils se soulever. Utilisez des couleurs vives et chaudes et des lignes douces et arrondies pour transmettre un sentiment de chaleur et de positivité.

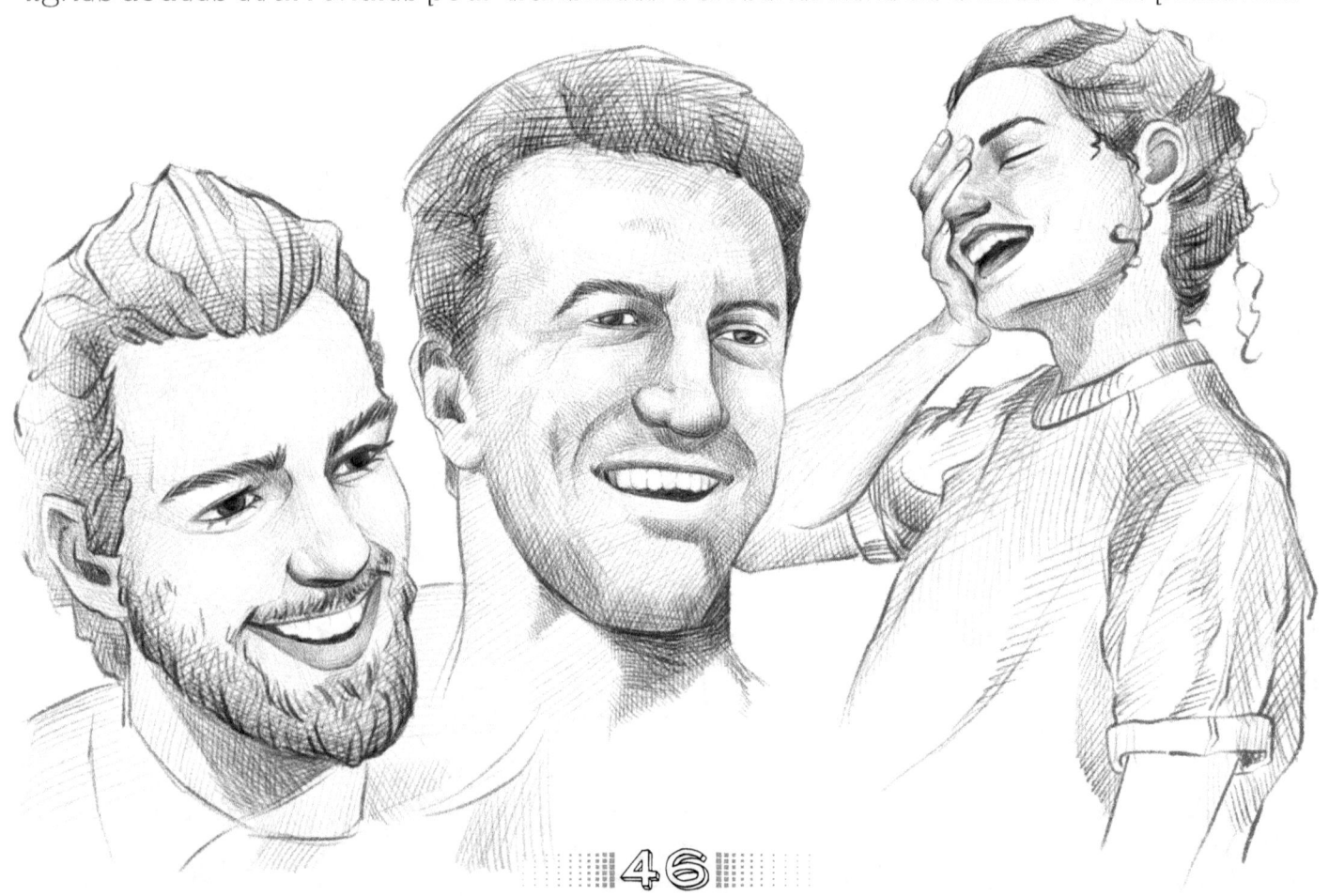

TRISTESSE
Les coins de la bouche tombants, les sourcils baissés et les paupières tombantes traduisent la tristesse. Des couleurs plus sombres et sourdes et des angles de composition vers le bas peuvent renforcer l'impression de mélancolie.

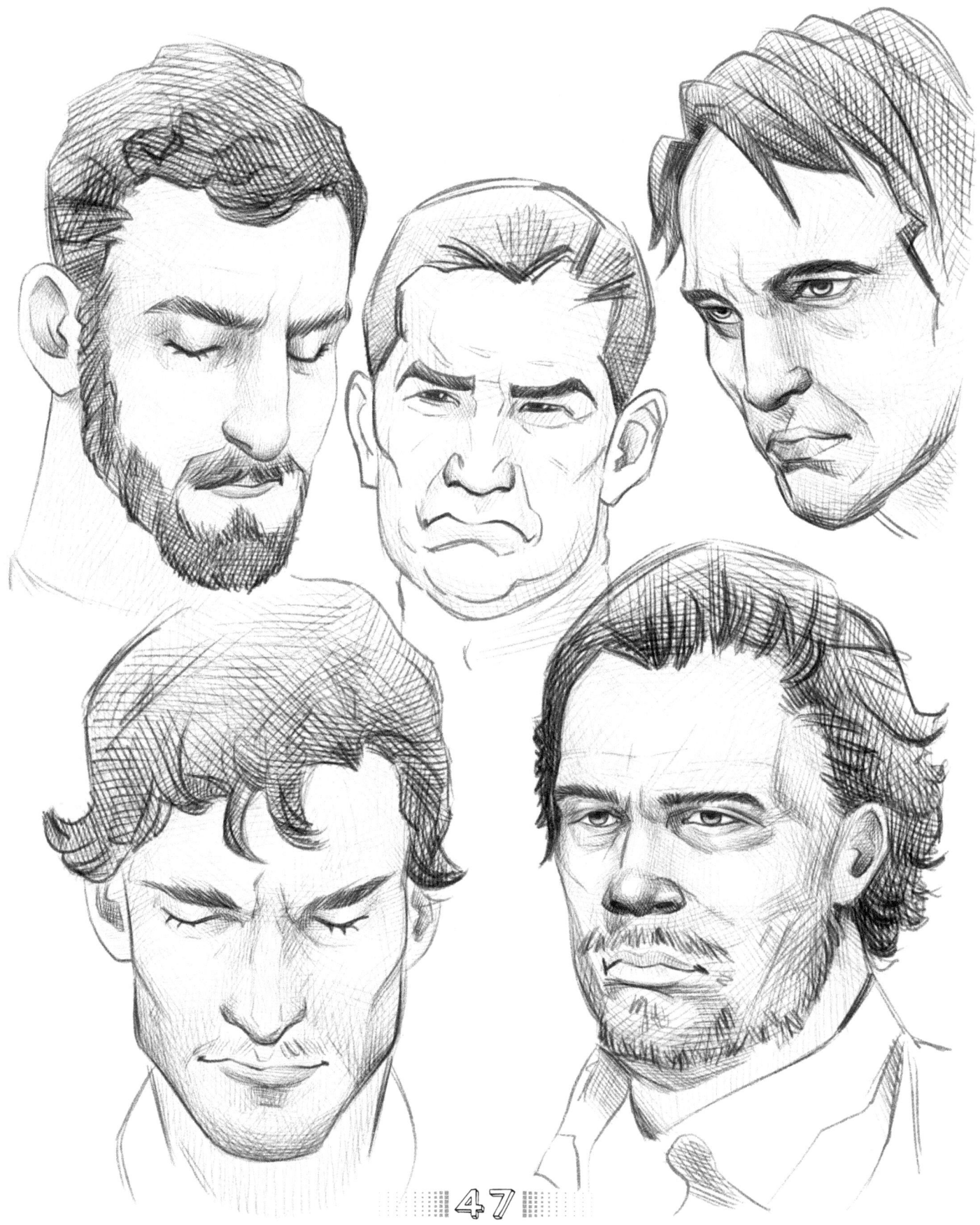

LA COLÈRE : Les sourcils froncés, les yeux rétrécis et la mâchoire serrée signalent la colère. Des lignes vives et anguleuses et des couleurs franches et intenses reflètent l'intensité de cette émotion. L'exagération de ces caractéristiques peut amplifier le sentiment d'agression.

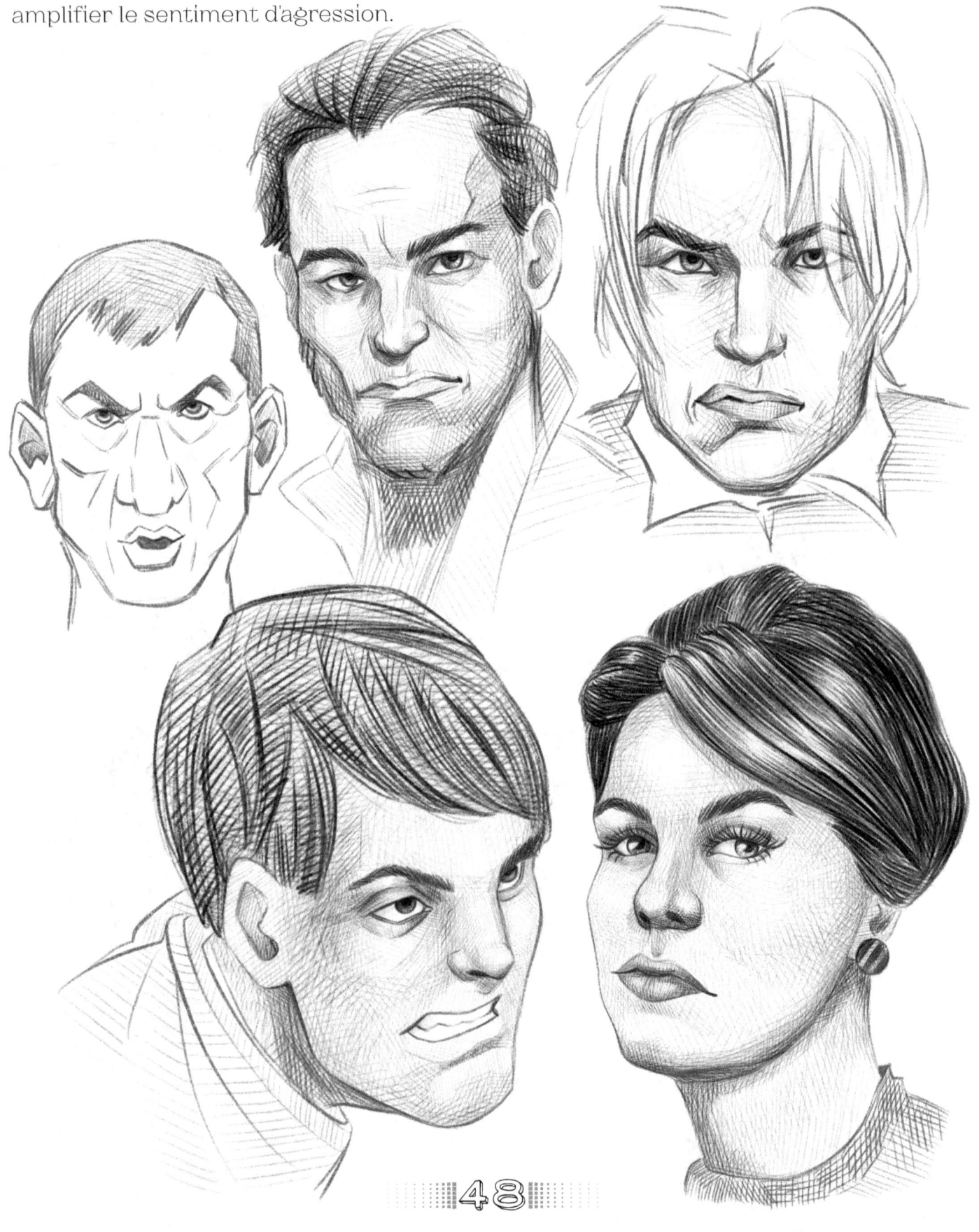

LA SURPRISE : Des yeux écarquillés, des sourcils levés et une bouche ouverte signifient la surprise. Utilisez des couleurs contrastées et des lignes diagonales dynamiques pour créer un sentiment de soudaineté et d'étonnement.

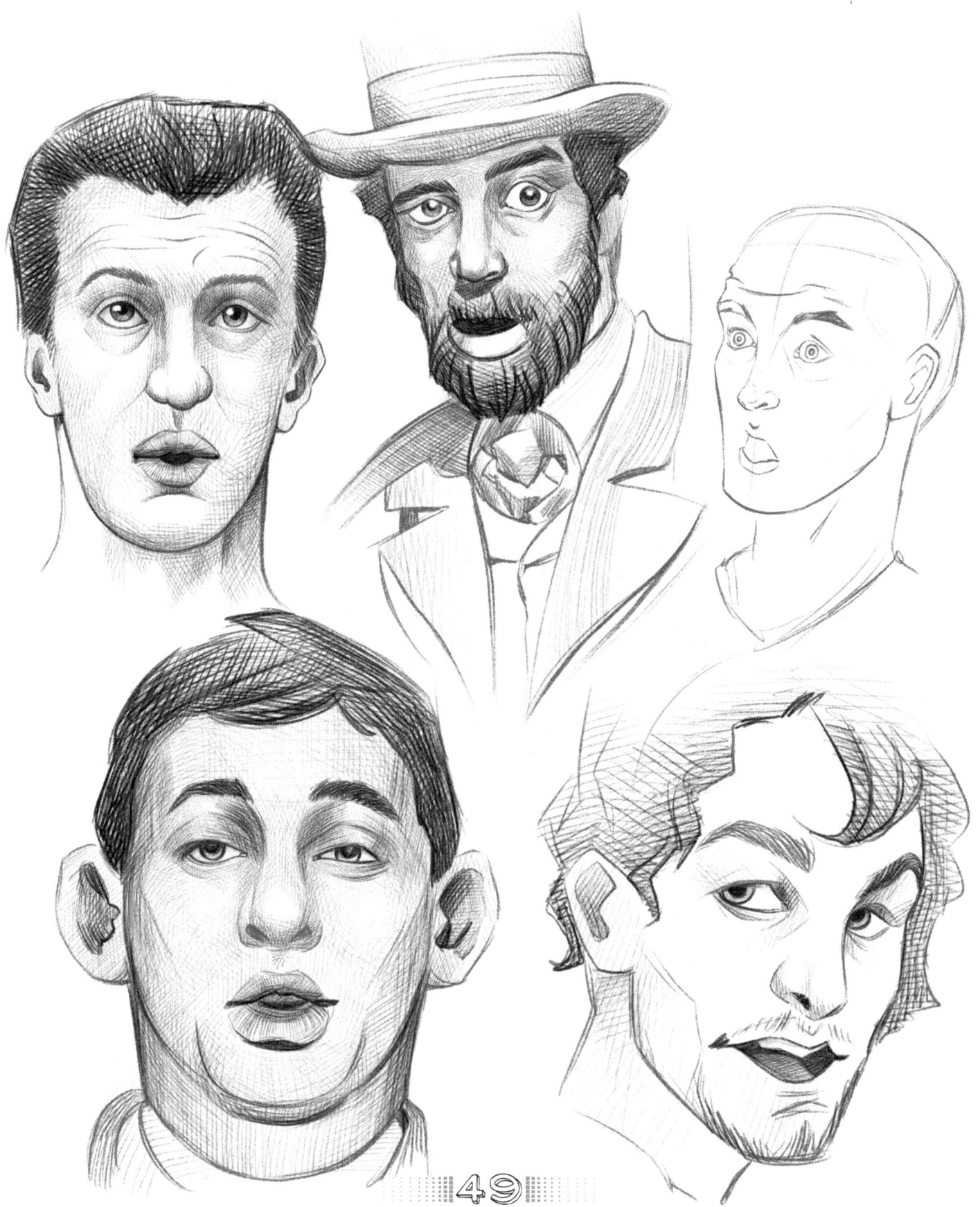

PEUR : Des yeux écarquillés au blanc visible, des sourcils levés et une bouche légèrement ouverte traduisent la peur. Des couleurs froides et sourdes et des lignes tremblantes et irrégulières peuvent renforcer le sentiment de malaise et de vulnérabilité.

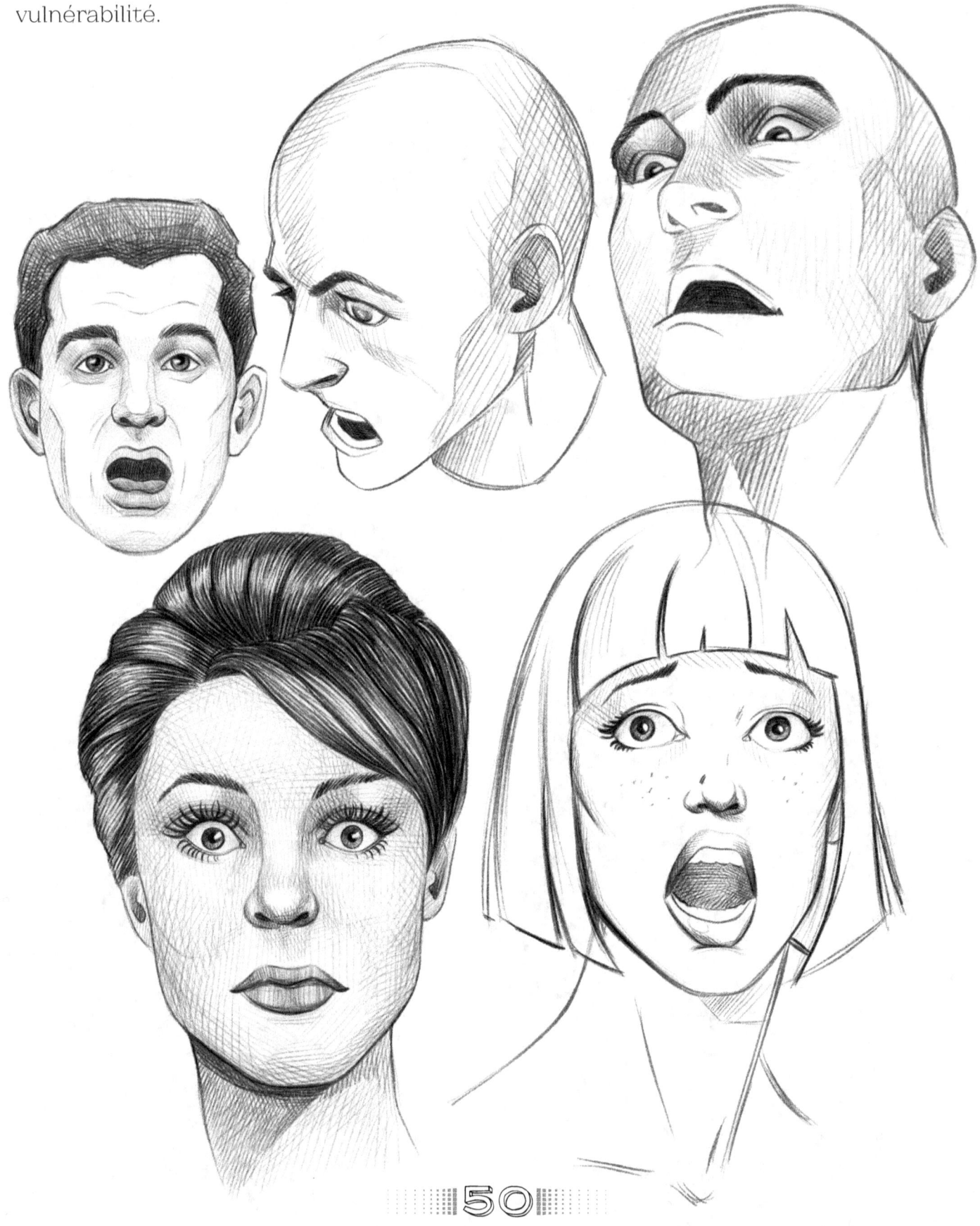

CONFIANCE : Une posture détendue, un menton relevé et un regard fixe indiquent la confiance en soi. Utilisez des lignes fortes et audacieuses et des couleurs vives pour transmettre un sentiment d'assurance et d'autonomisation.

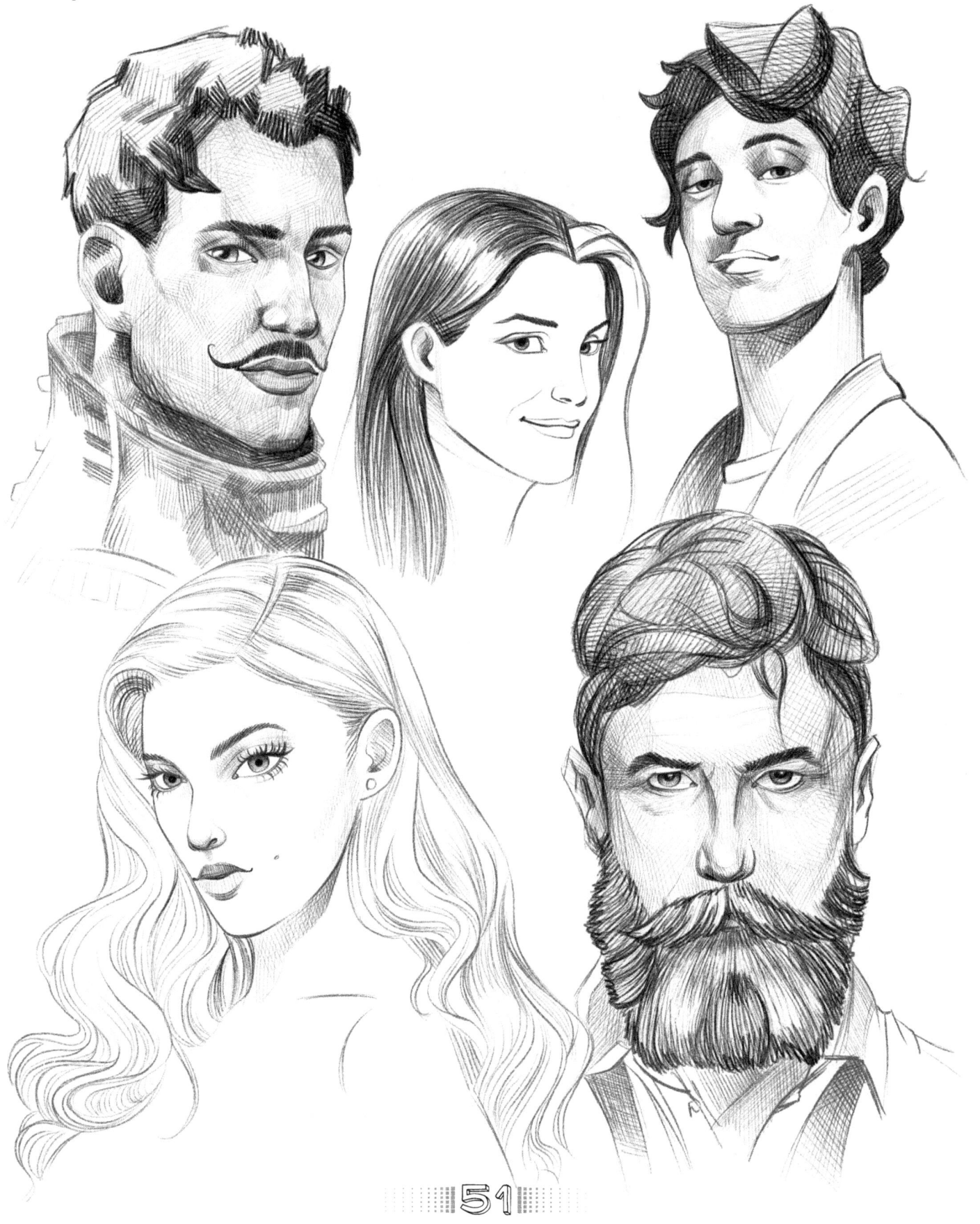

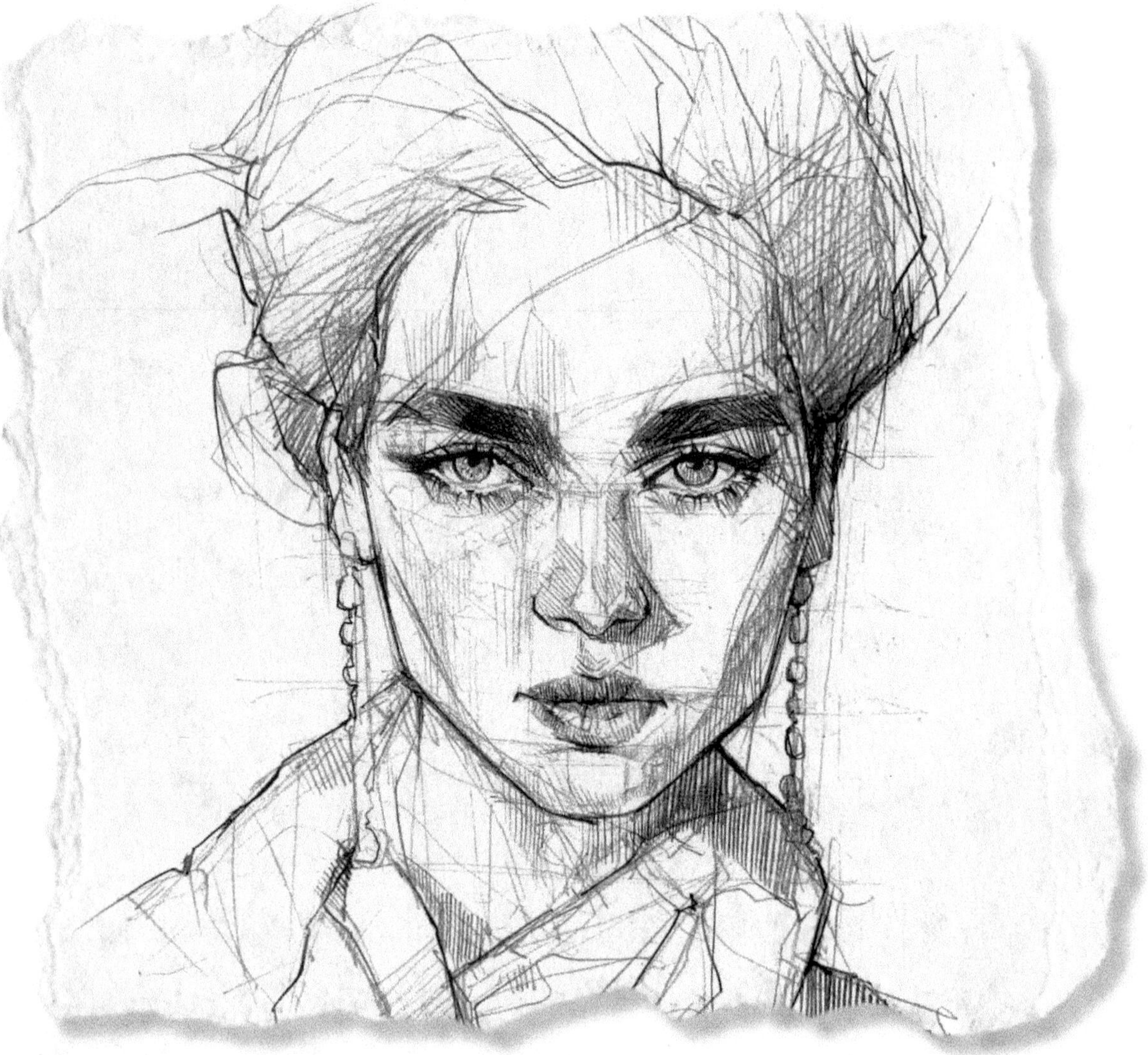

PRATIQUE

Nous sommes ravis de vous voir plonger dans le monde du dessin avec enthousiasme ! En partant des bases des formes simples, vous avez maintenant appris à donner de la dimension, à créer des compositions et à dépeindre des sujets variés. Nous sommes convaincus que vous continuerez à explorer nos tutoriels et que vous trouverez des séances d'entraînement encore plus passionnantes ! Peut-être qu'à la fin de ce voyage, vous serez capable de dessiner sans effort les gens qui vous entourent ou les personnages que vous aimez.

Allons de l'avant sur ce chemin créatif et élevons nos compétences en dessin à de nouveaux sommets !

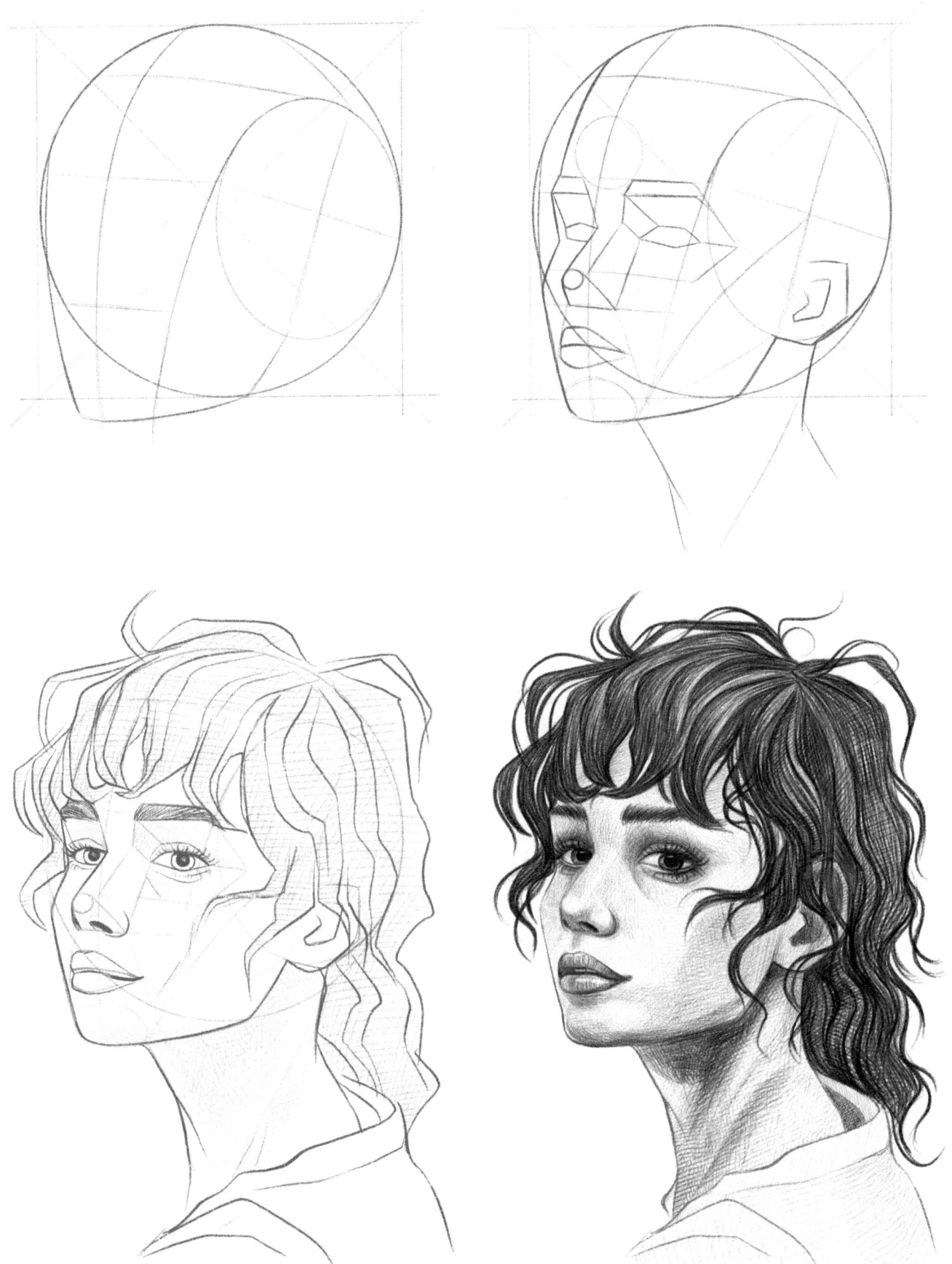

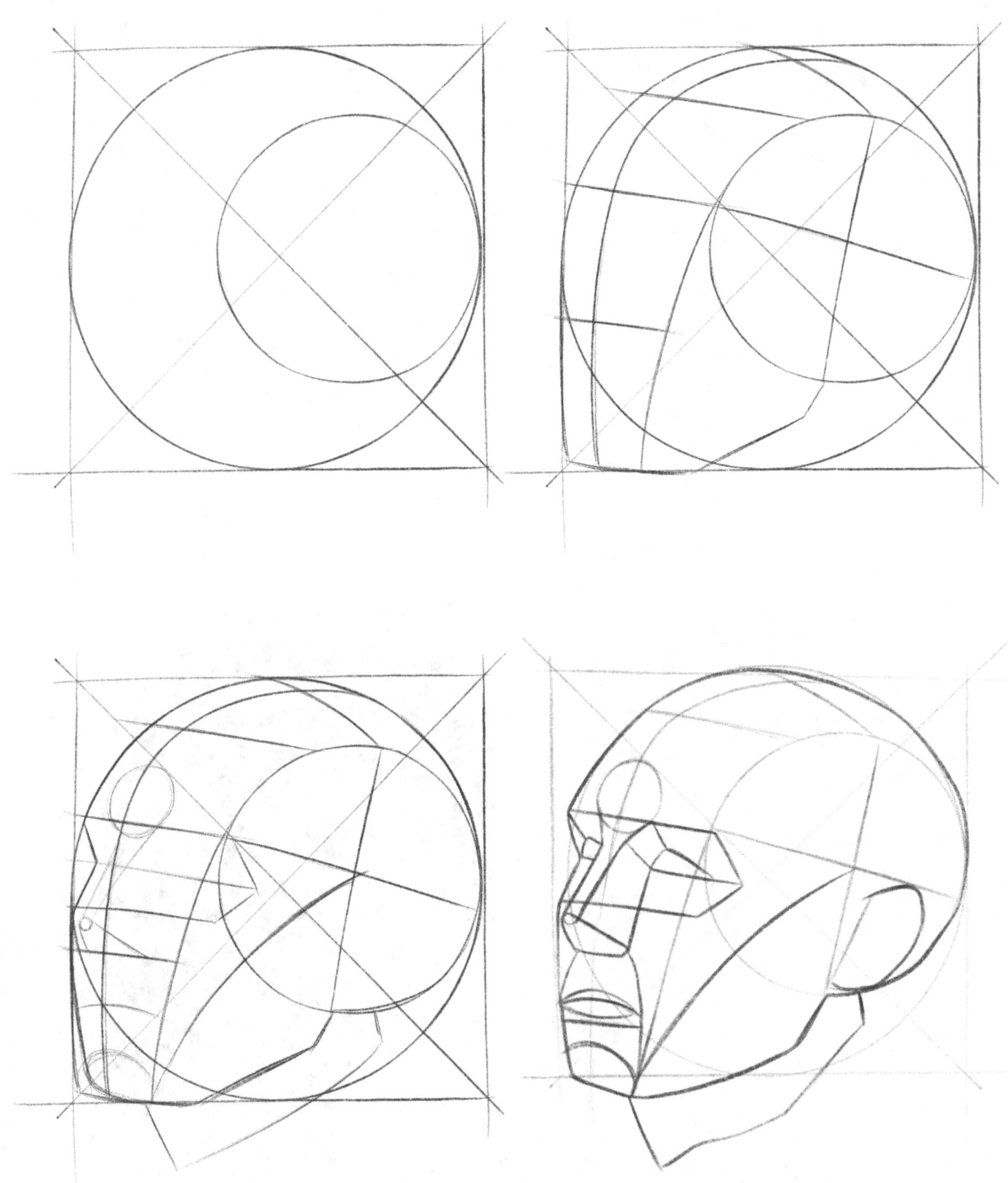

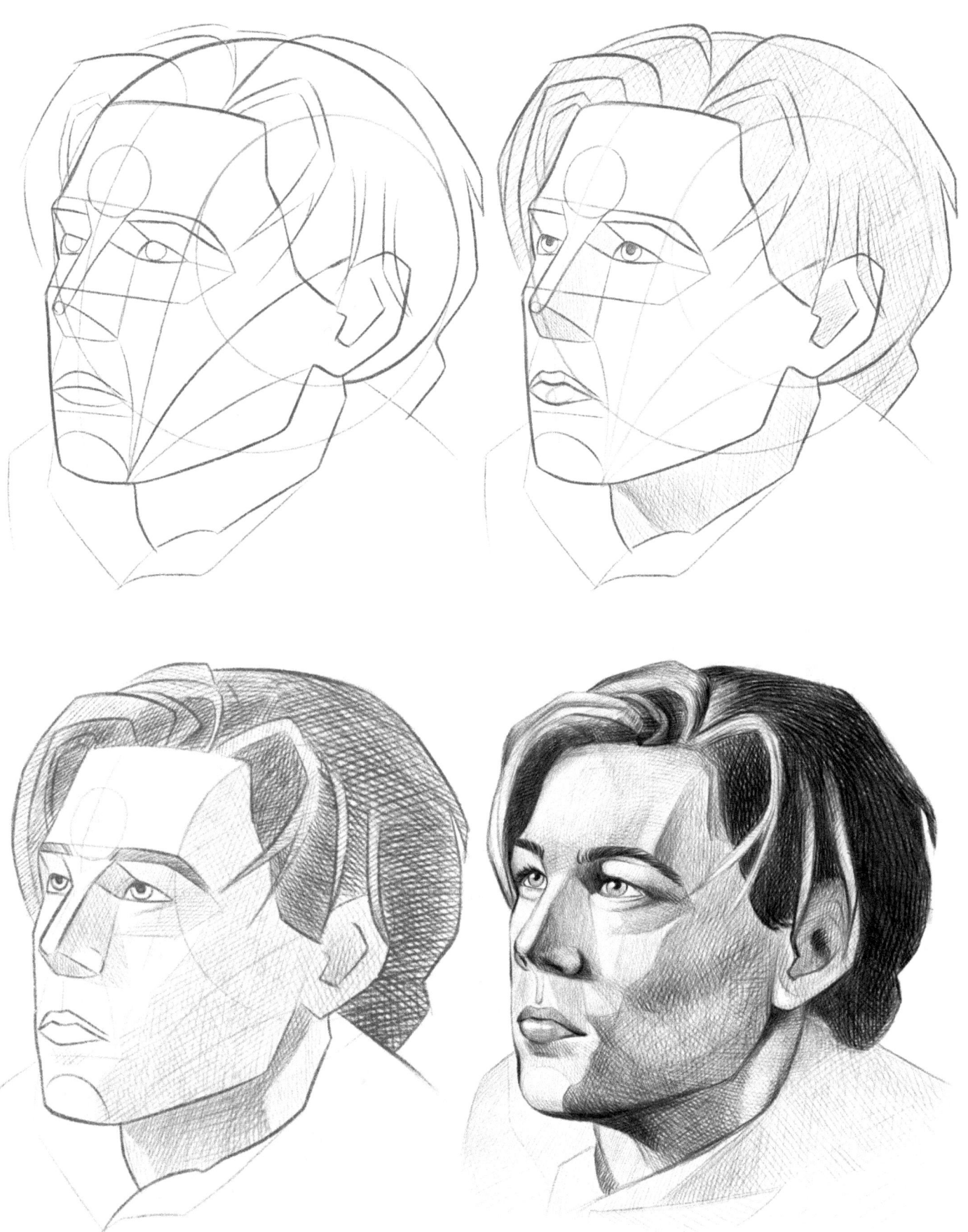

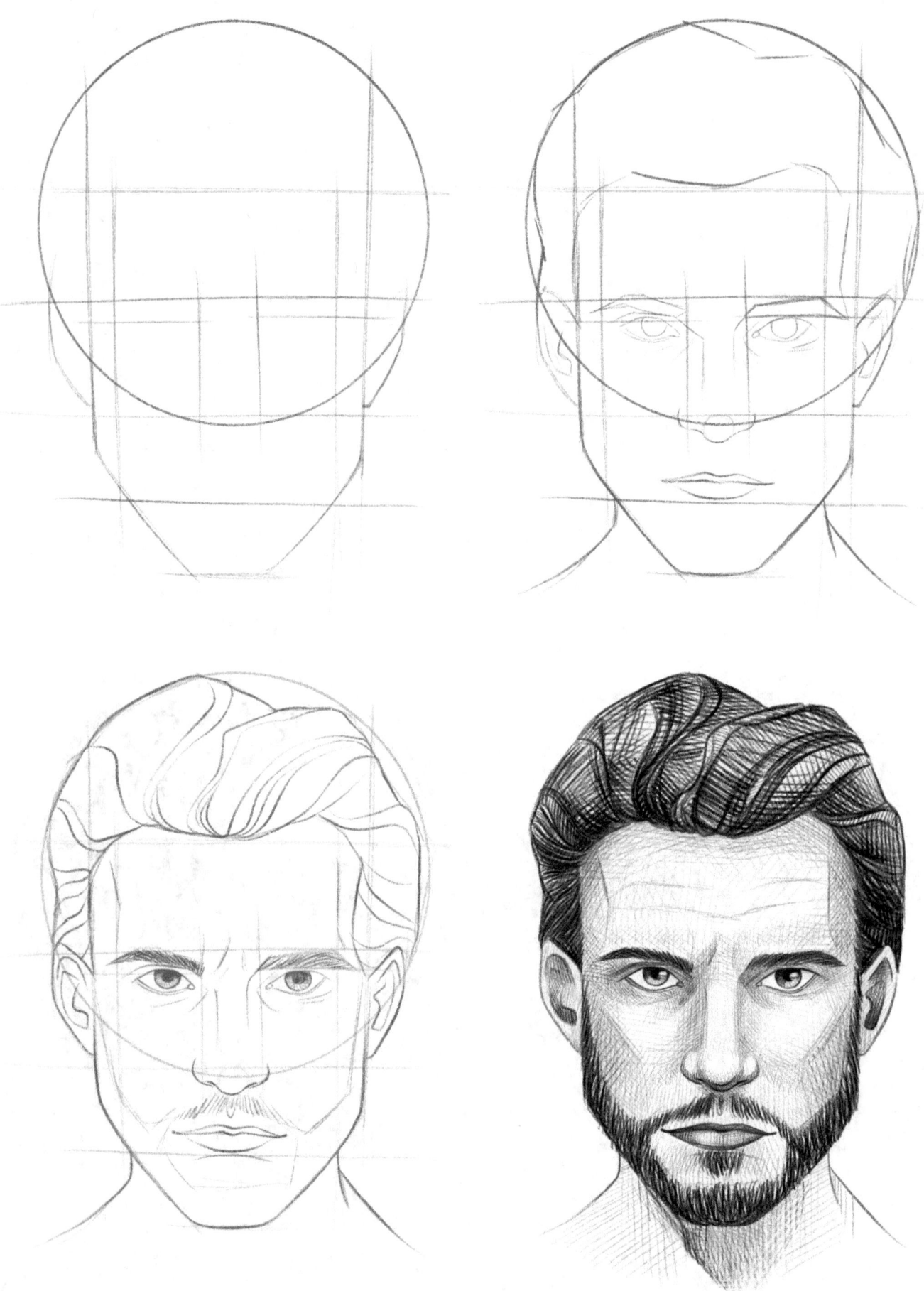

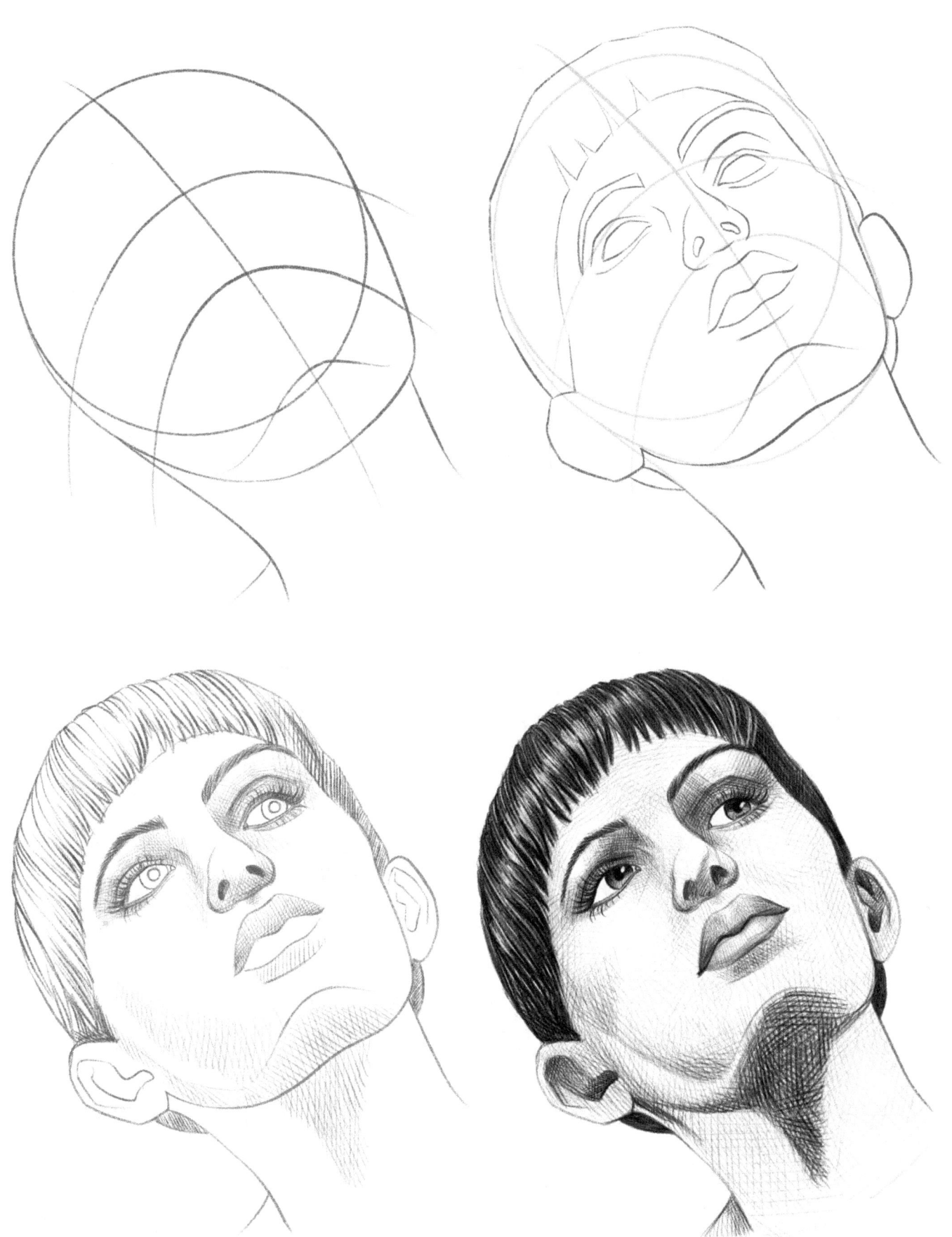

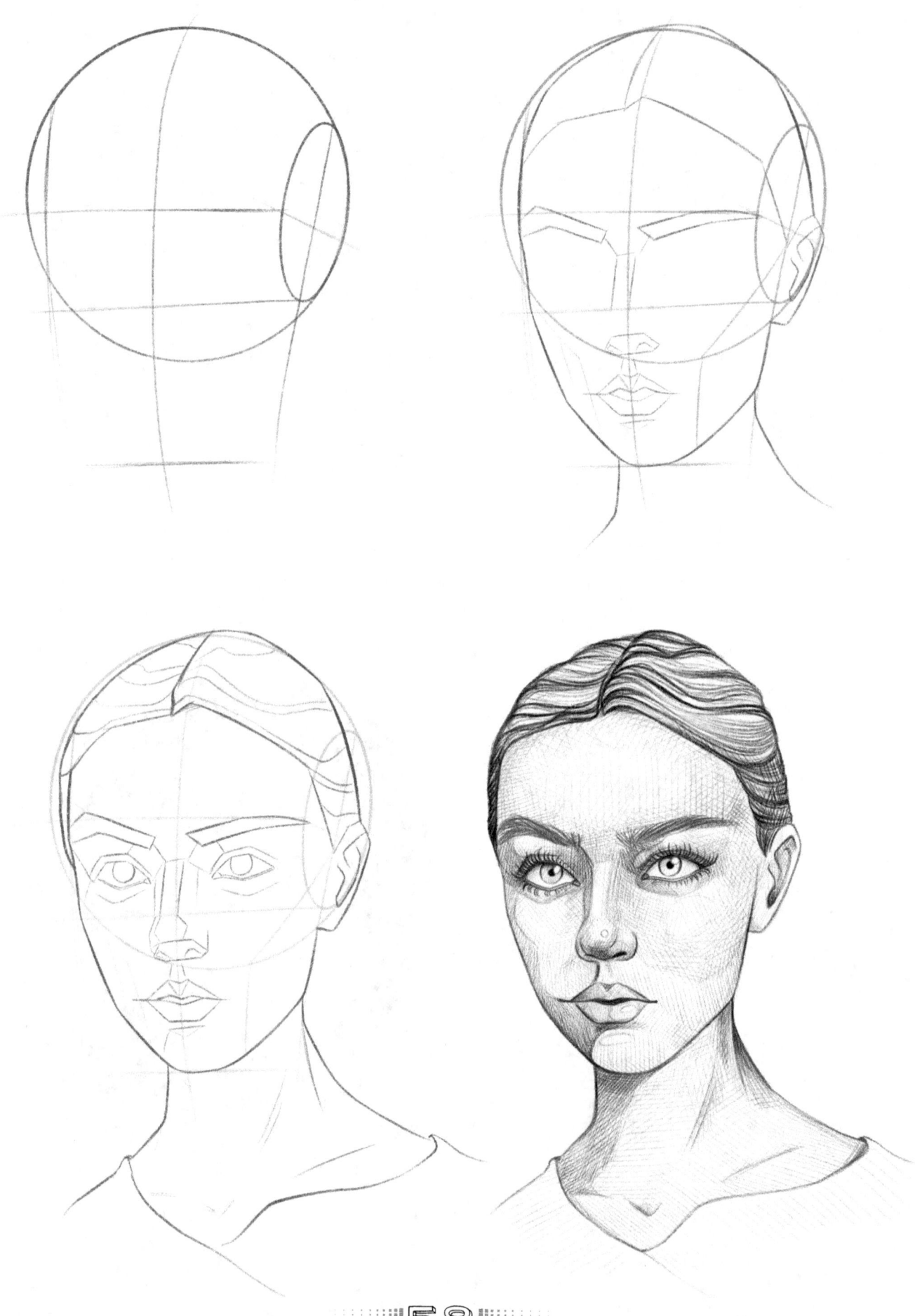

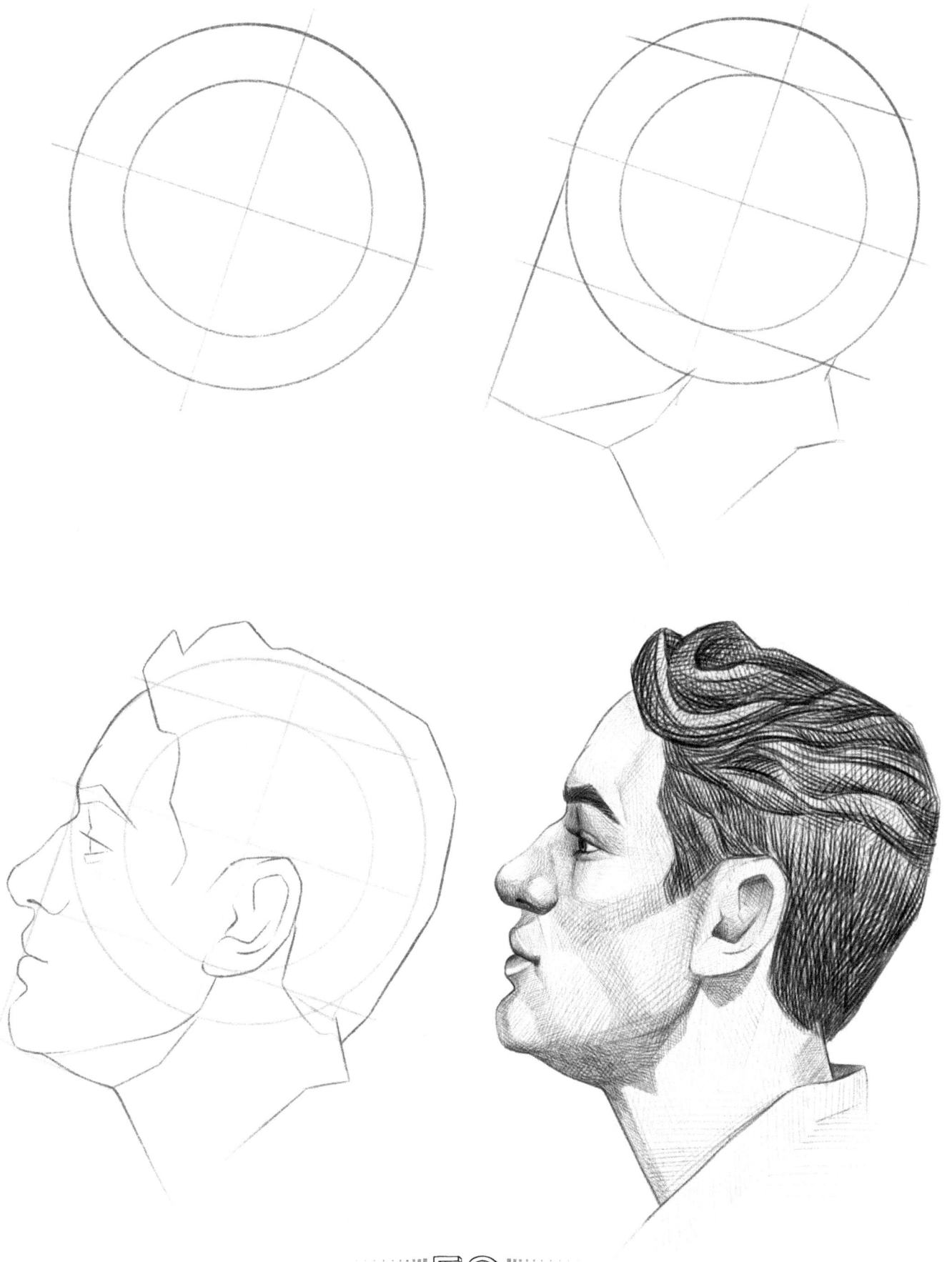

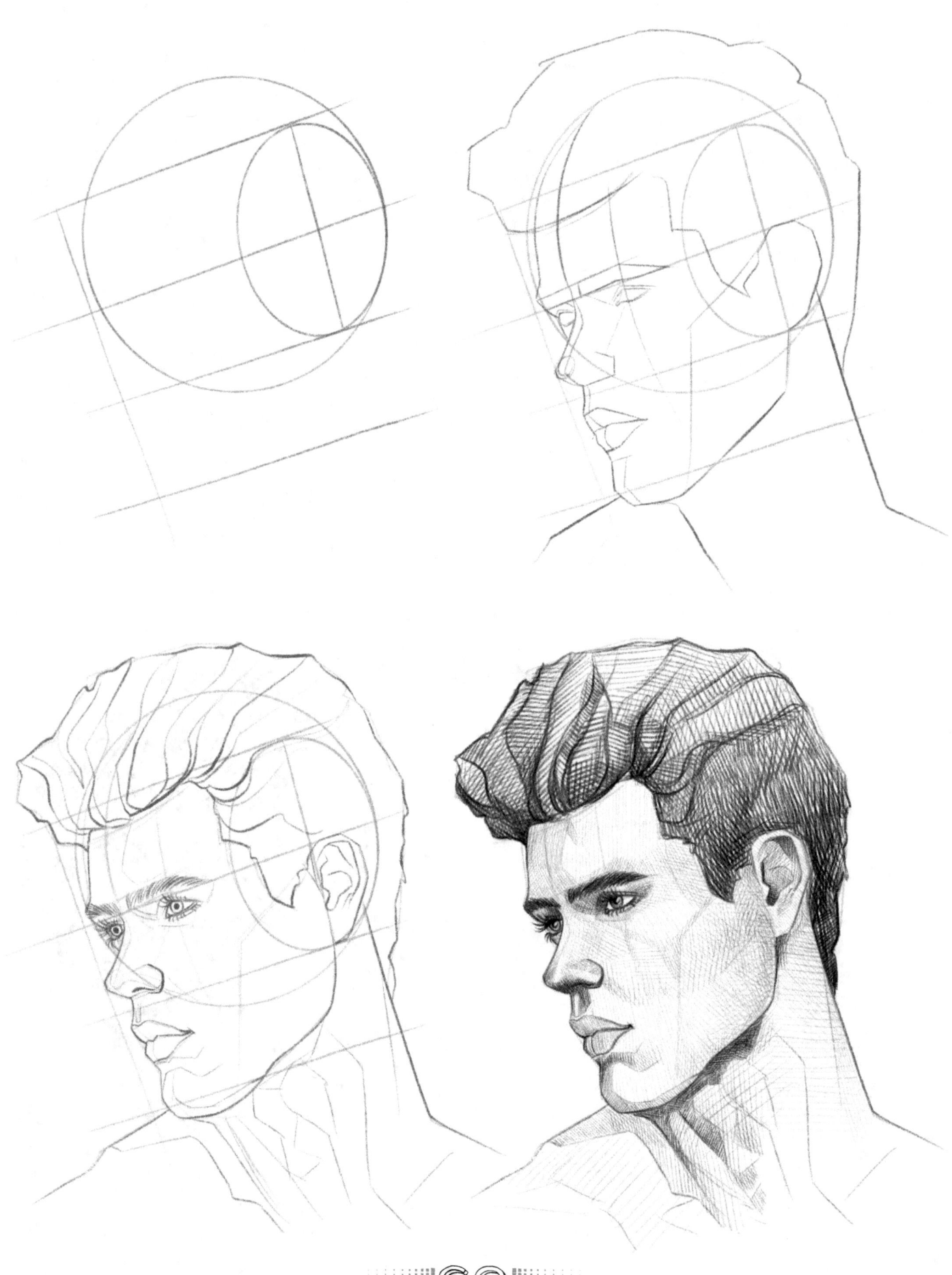

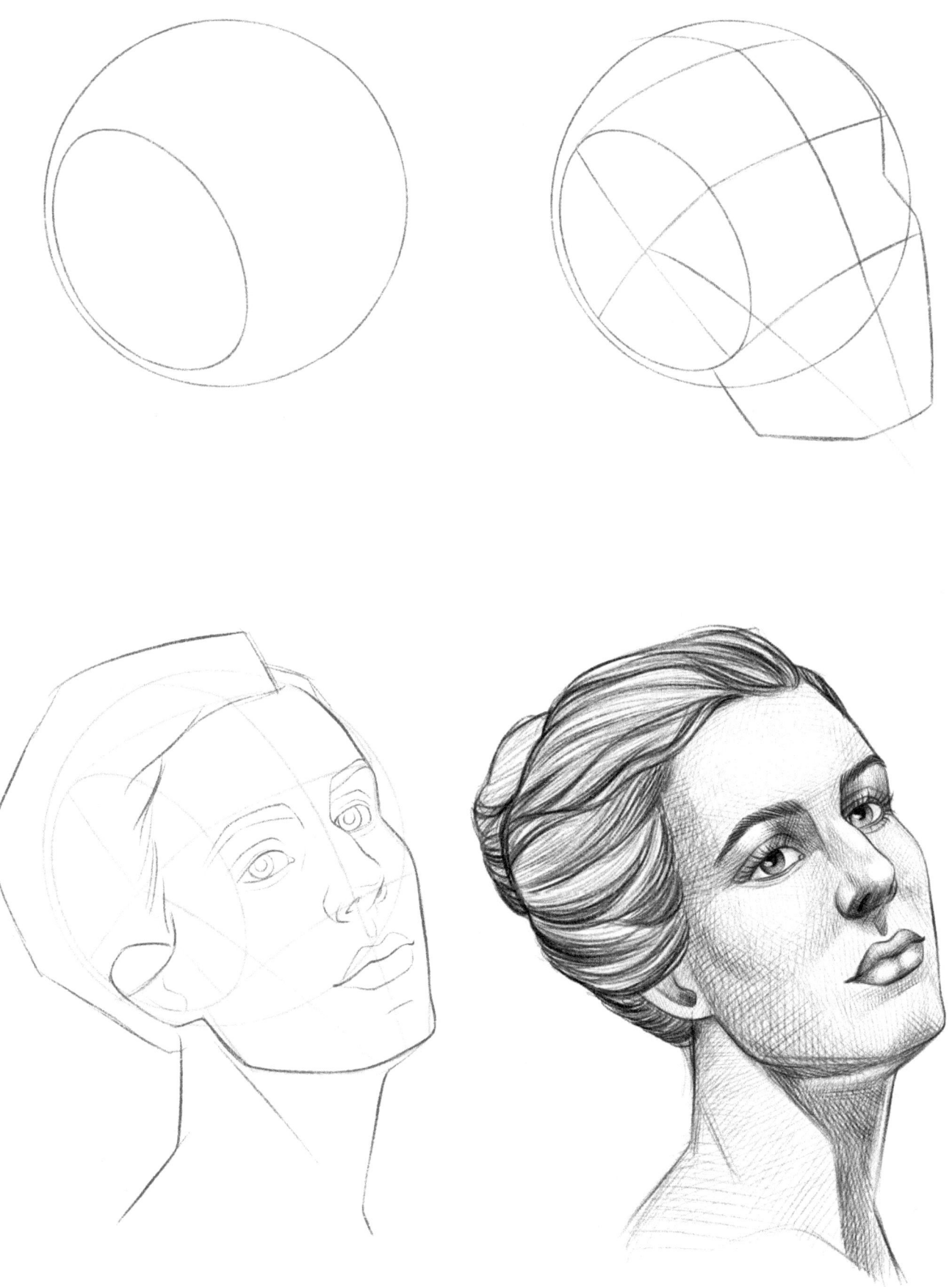

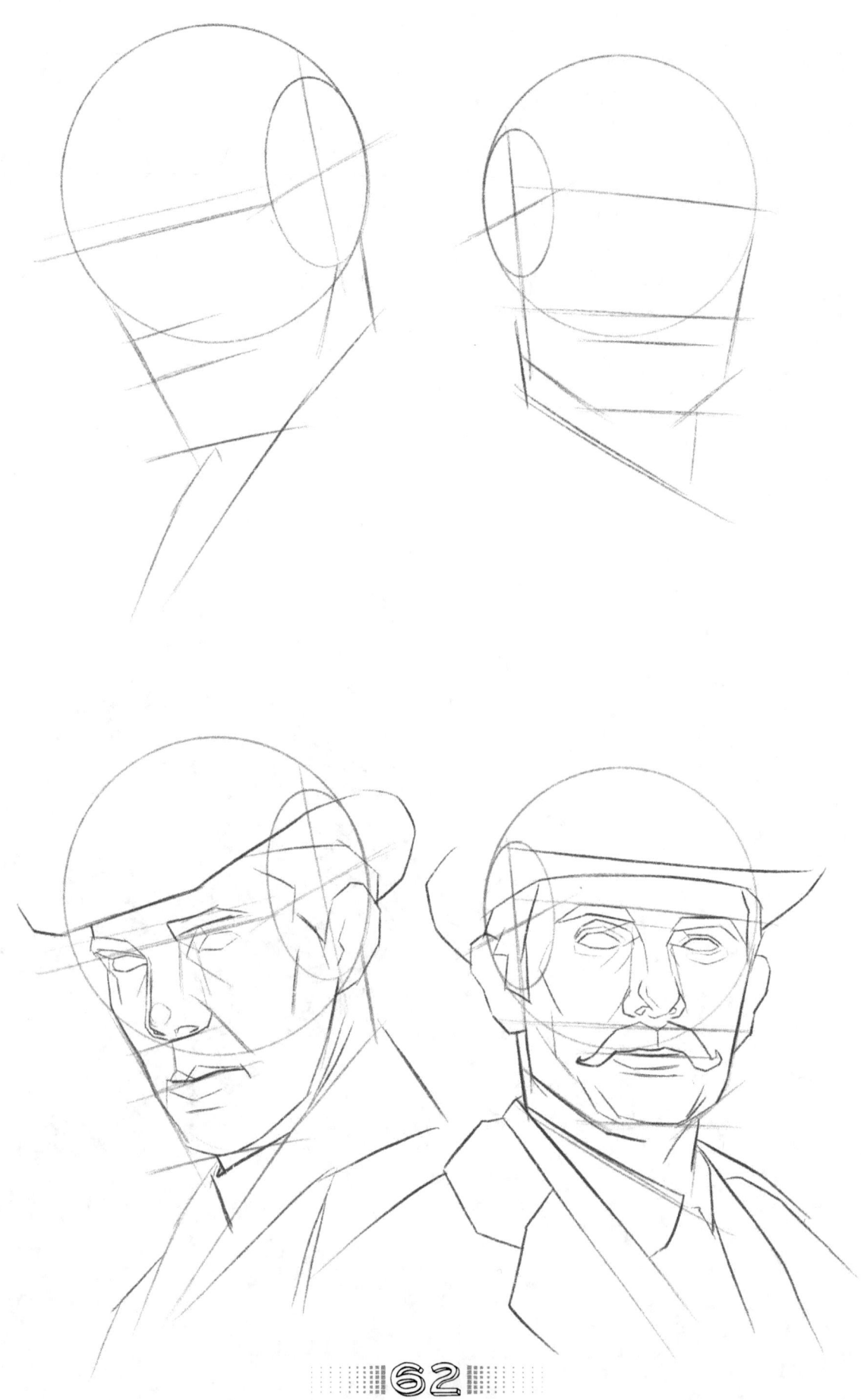

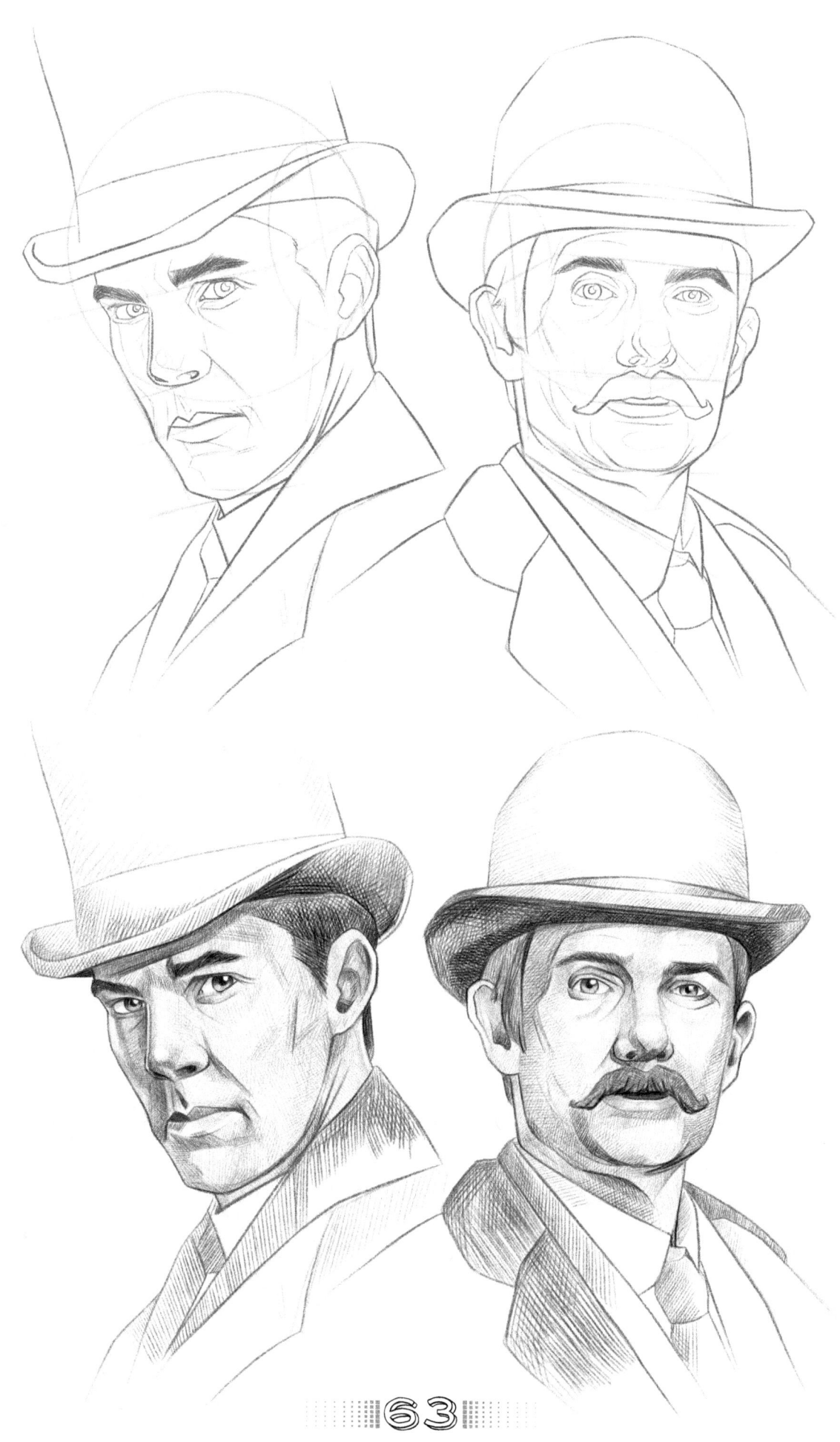

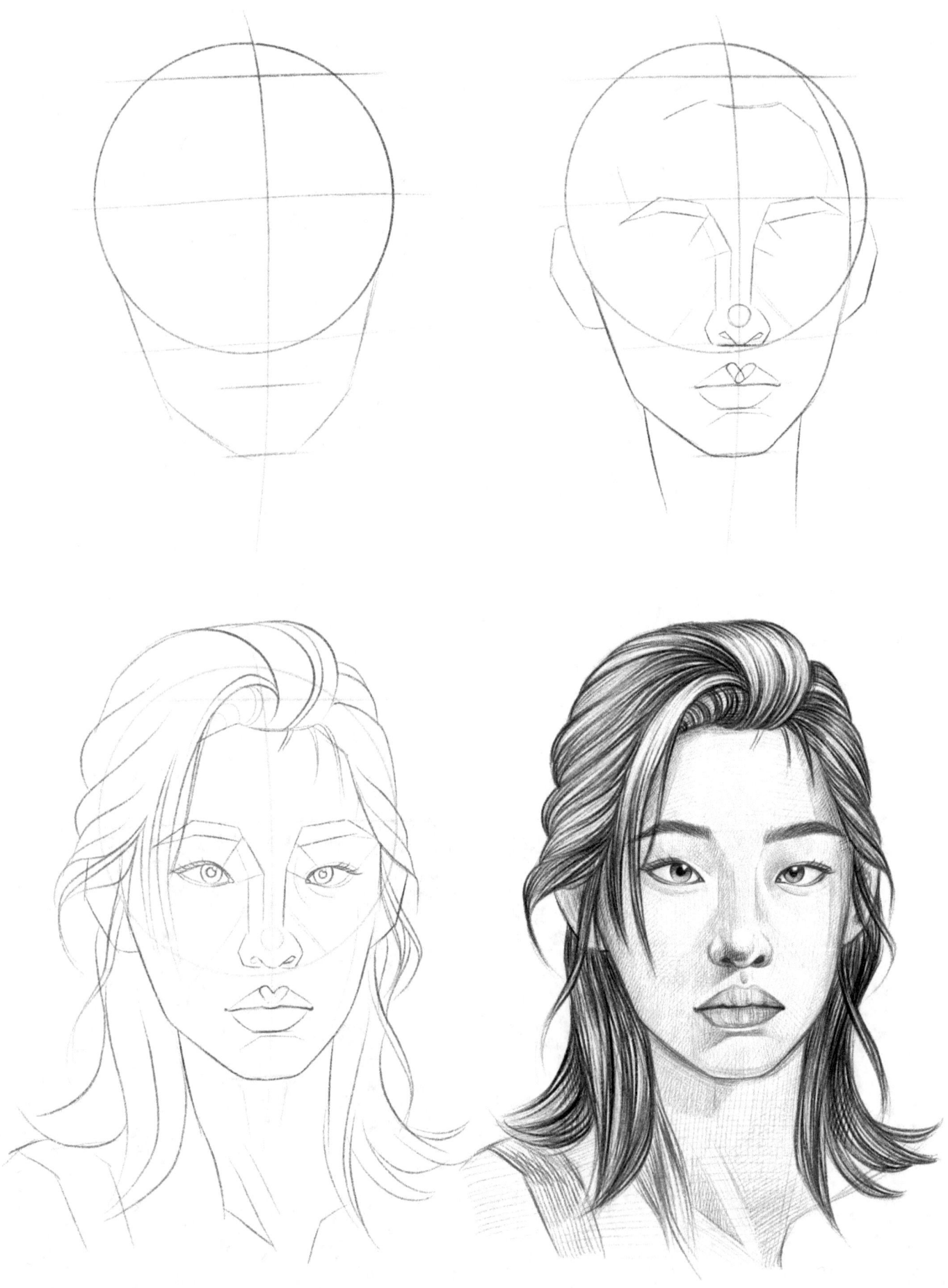

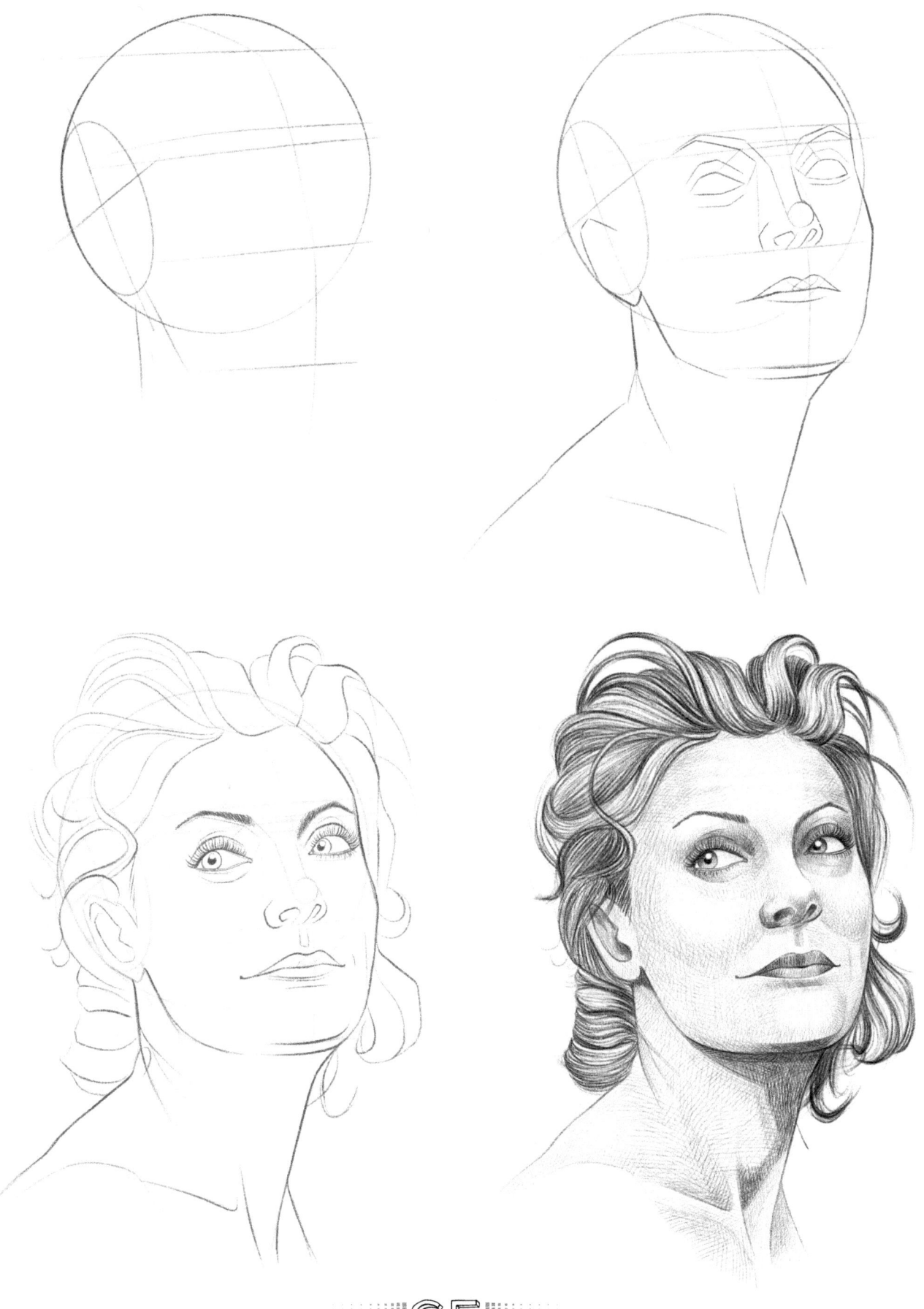

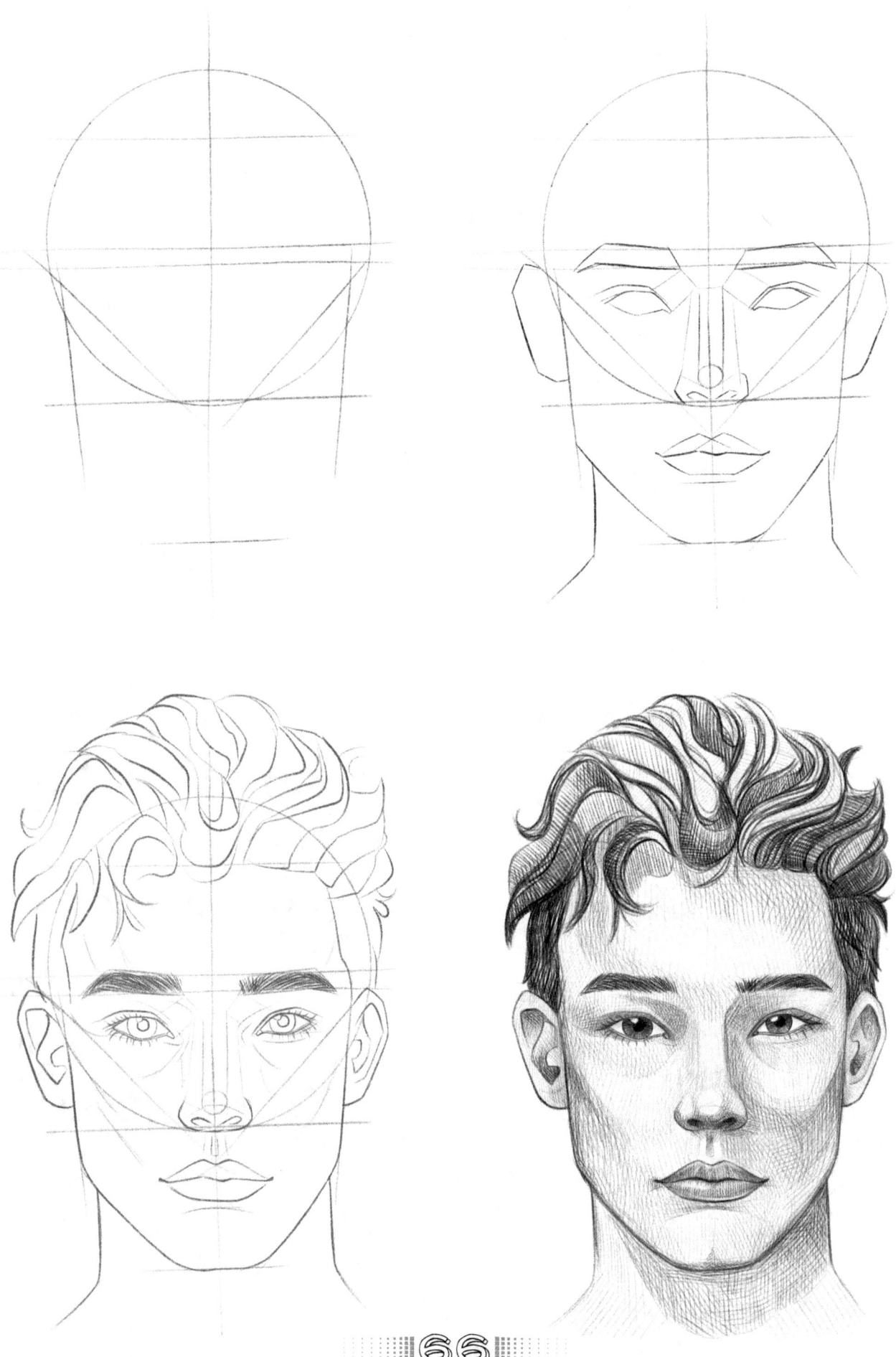

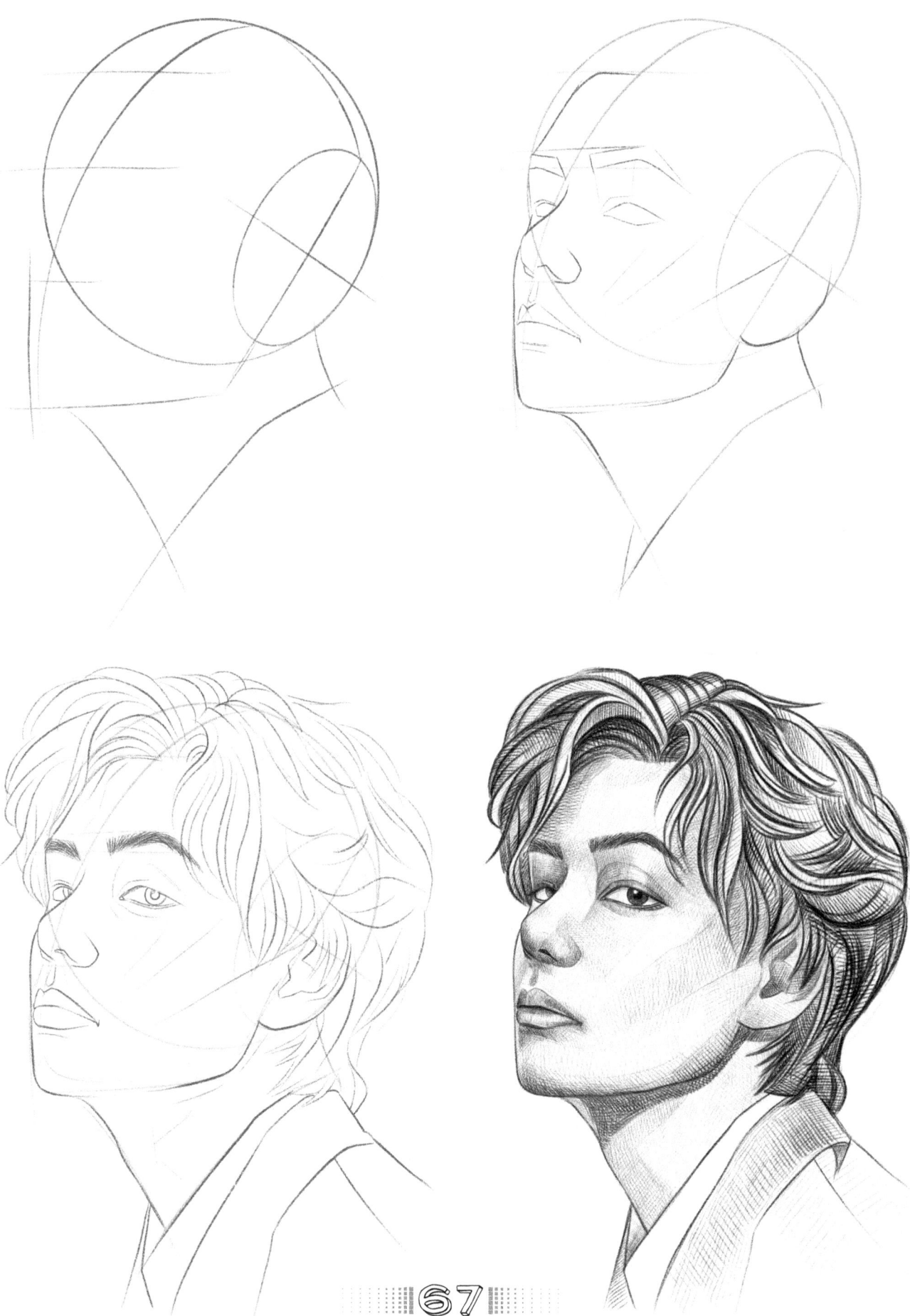

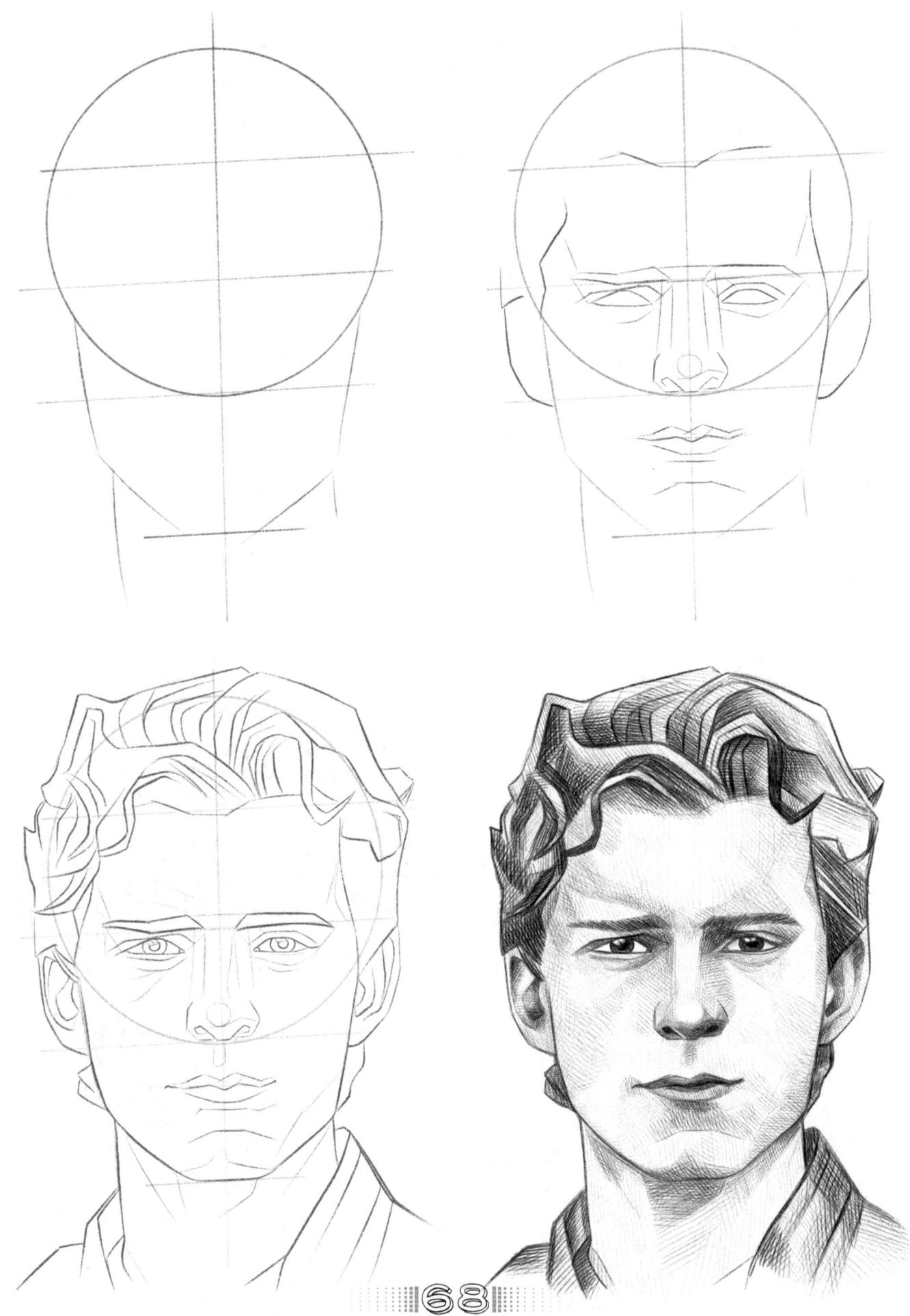

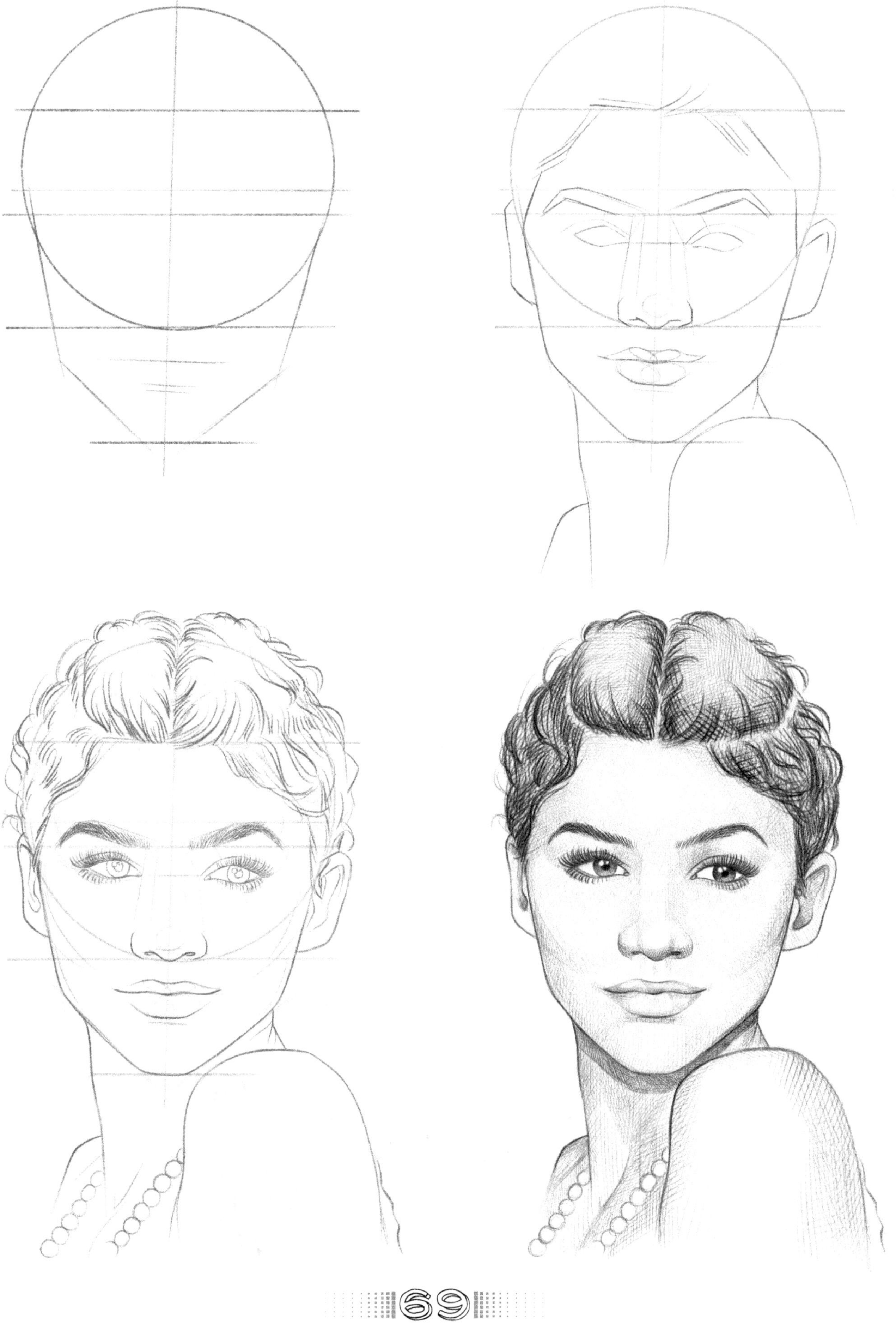

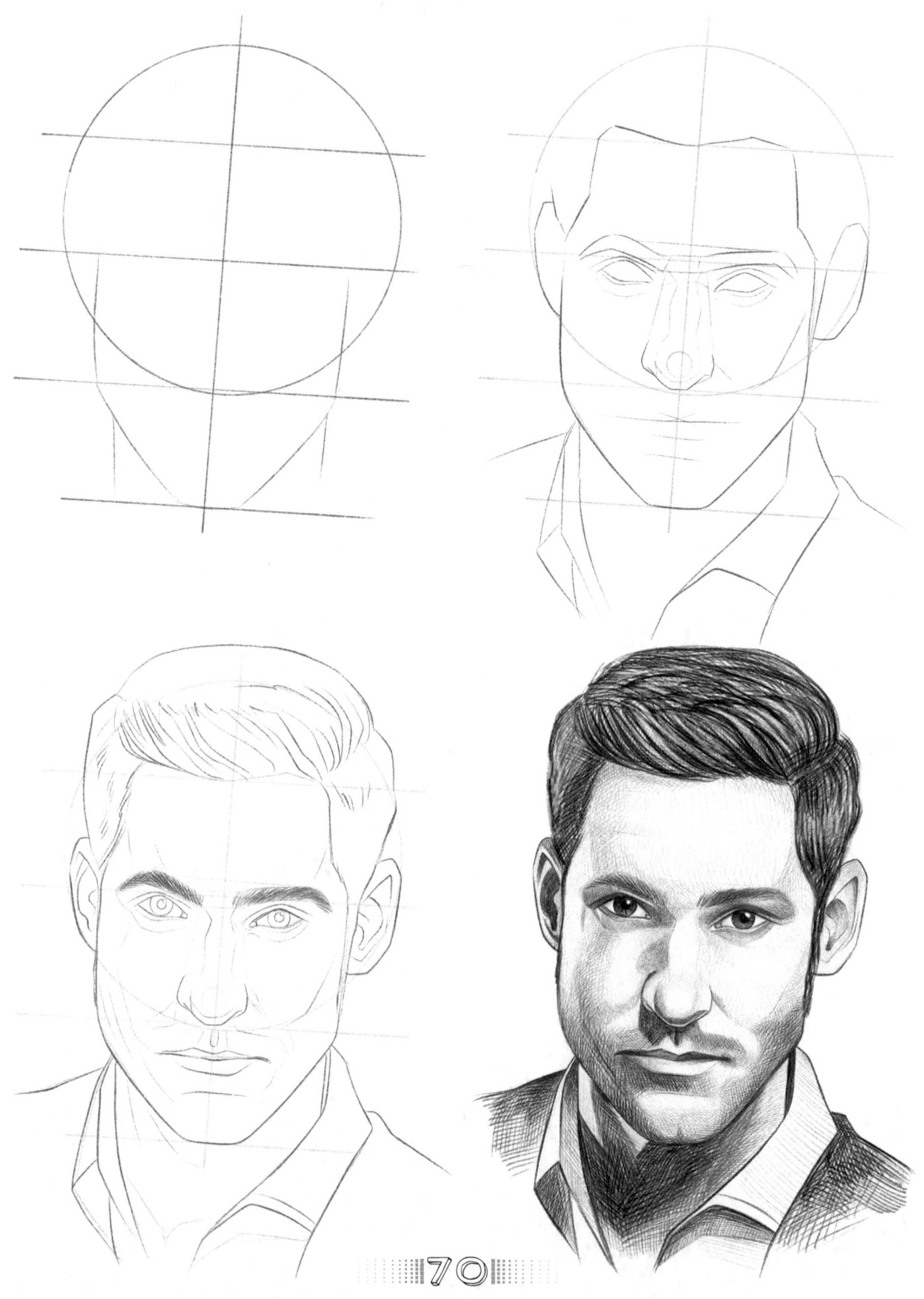

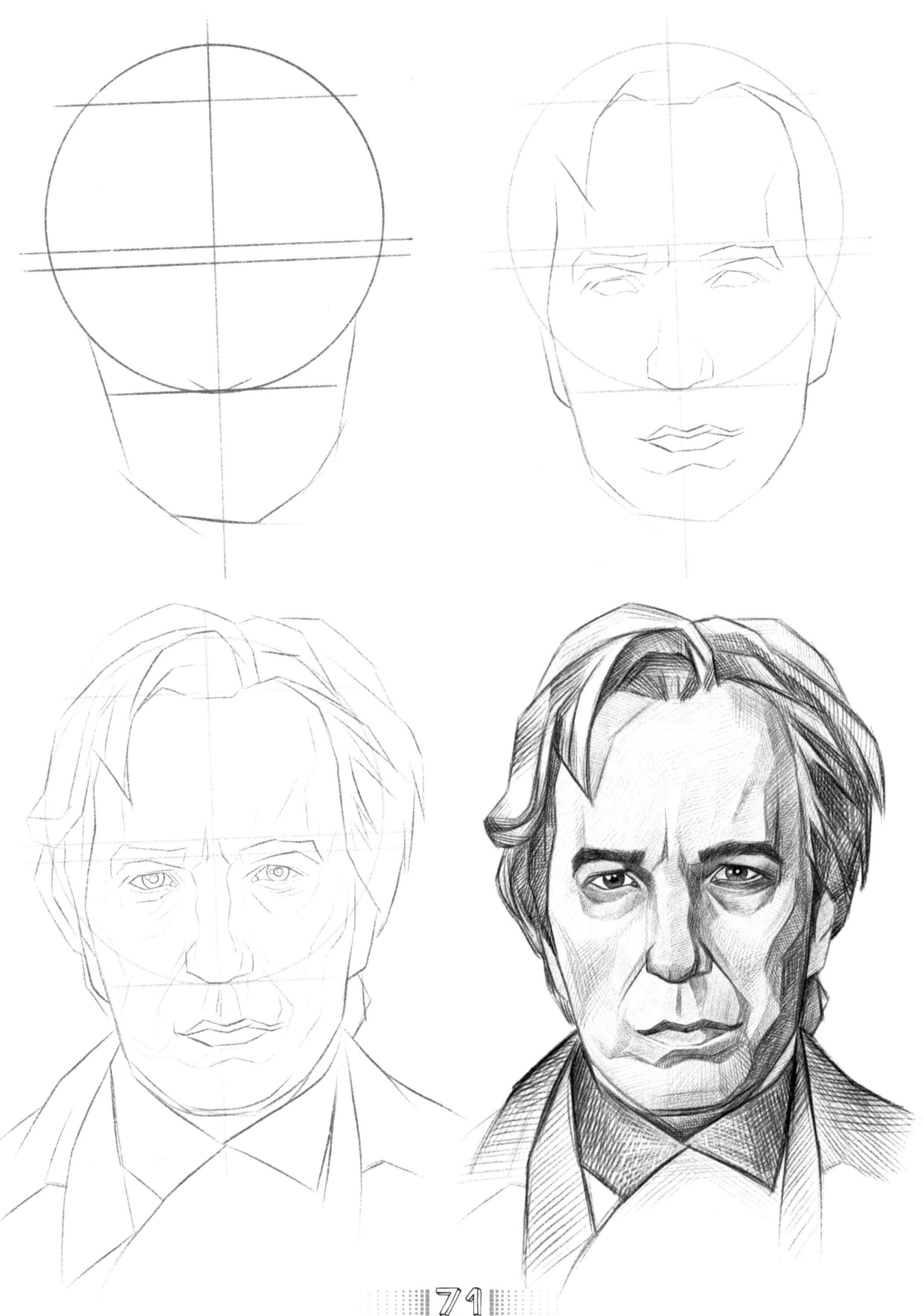

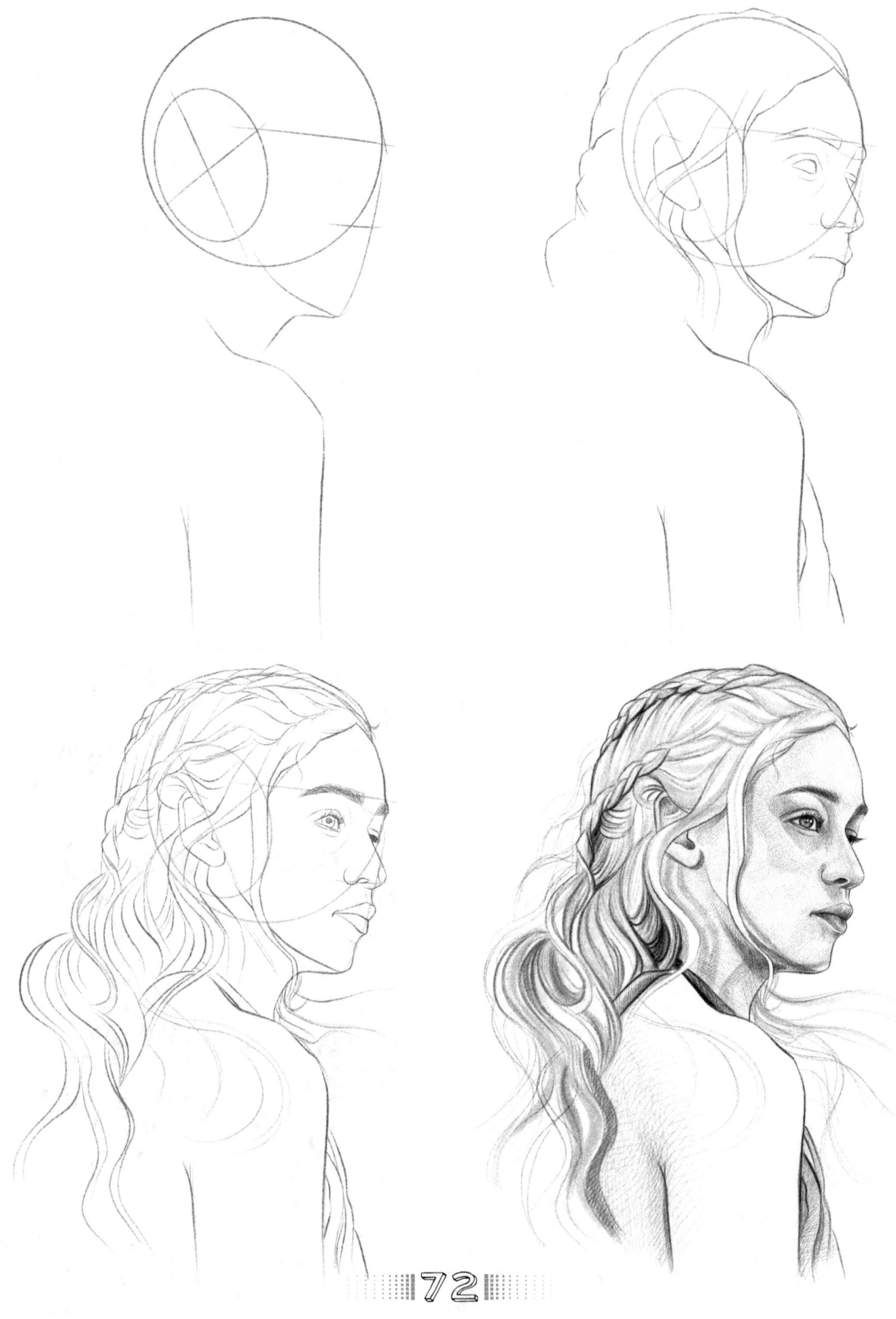

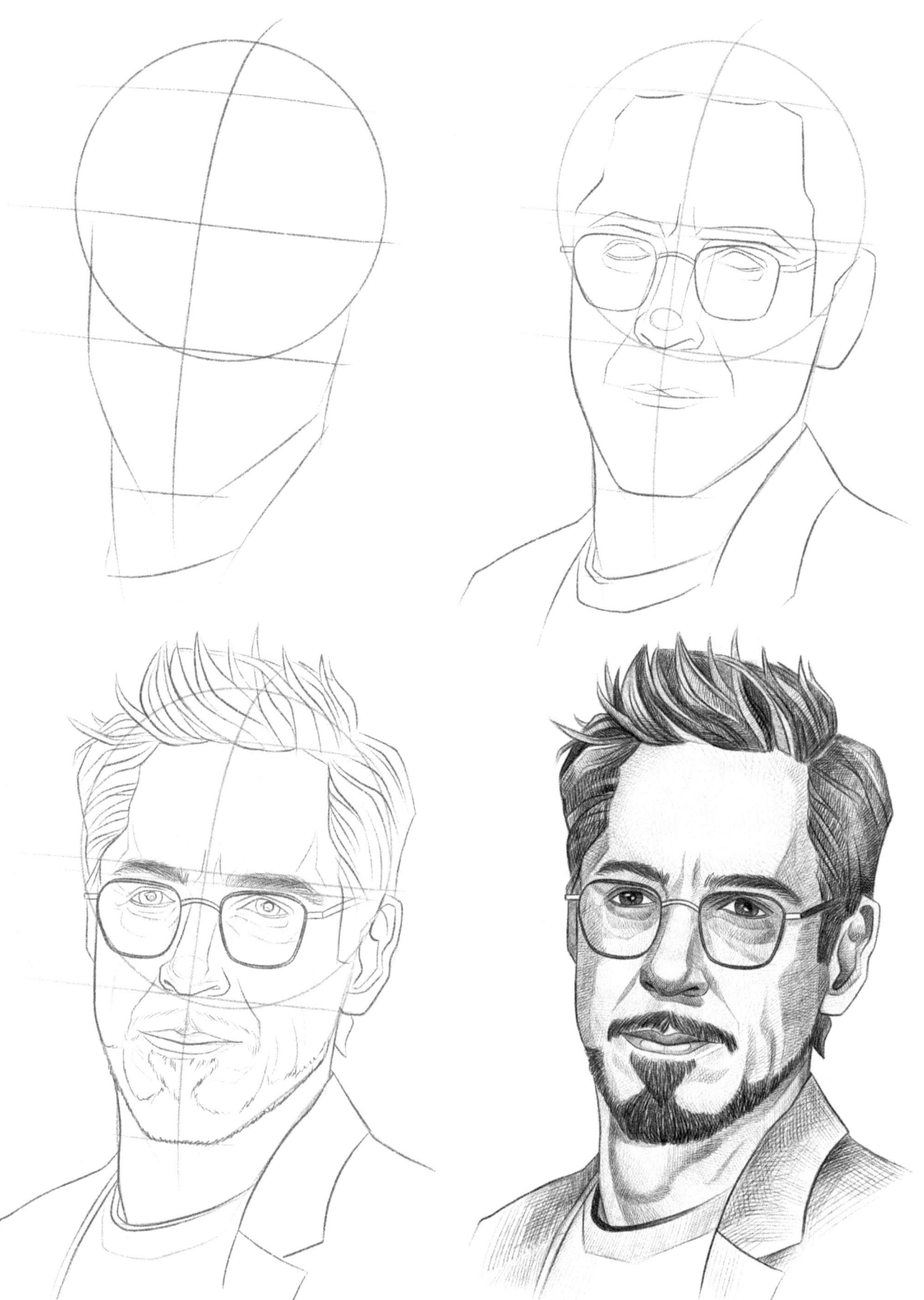

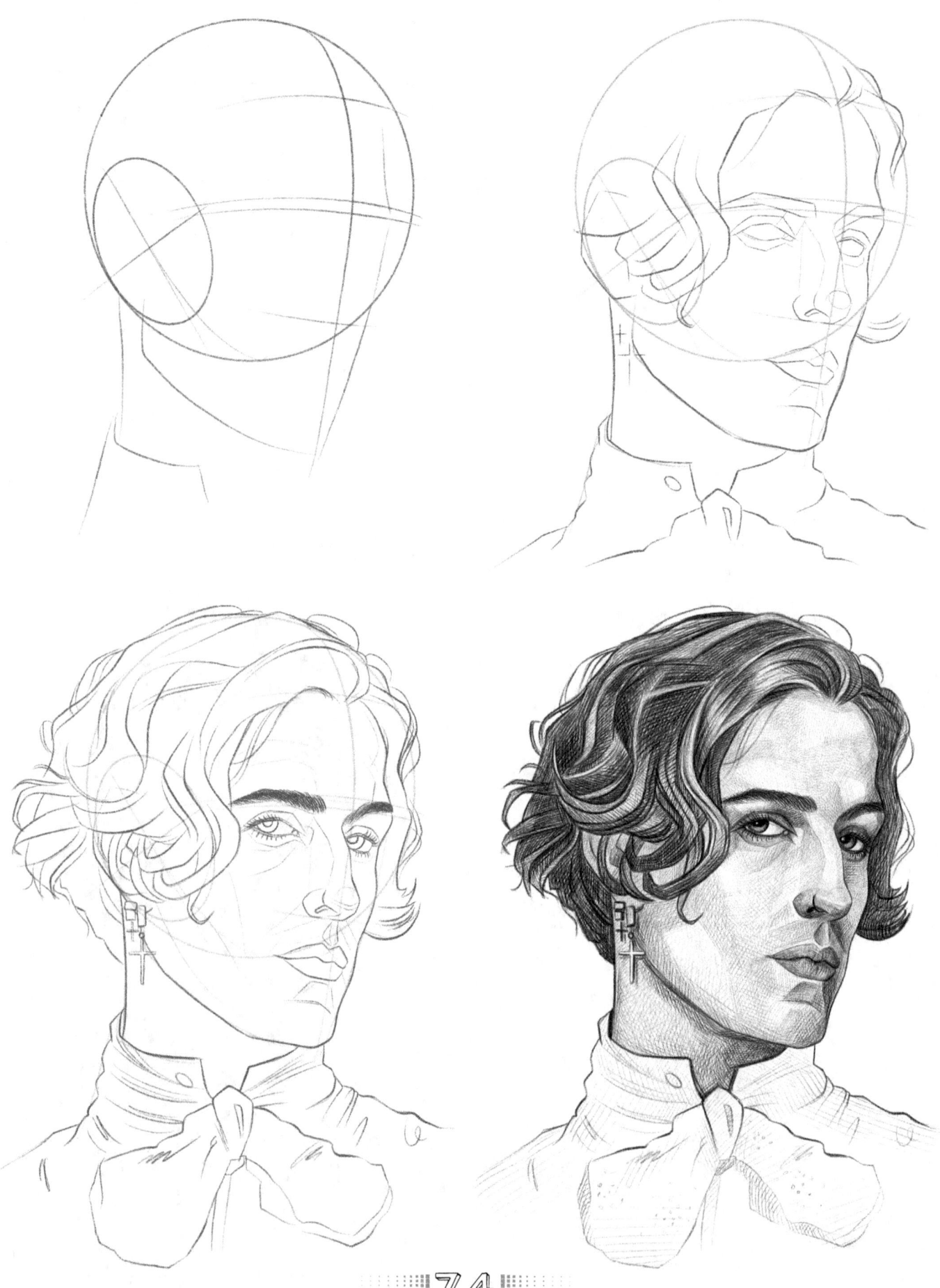

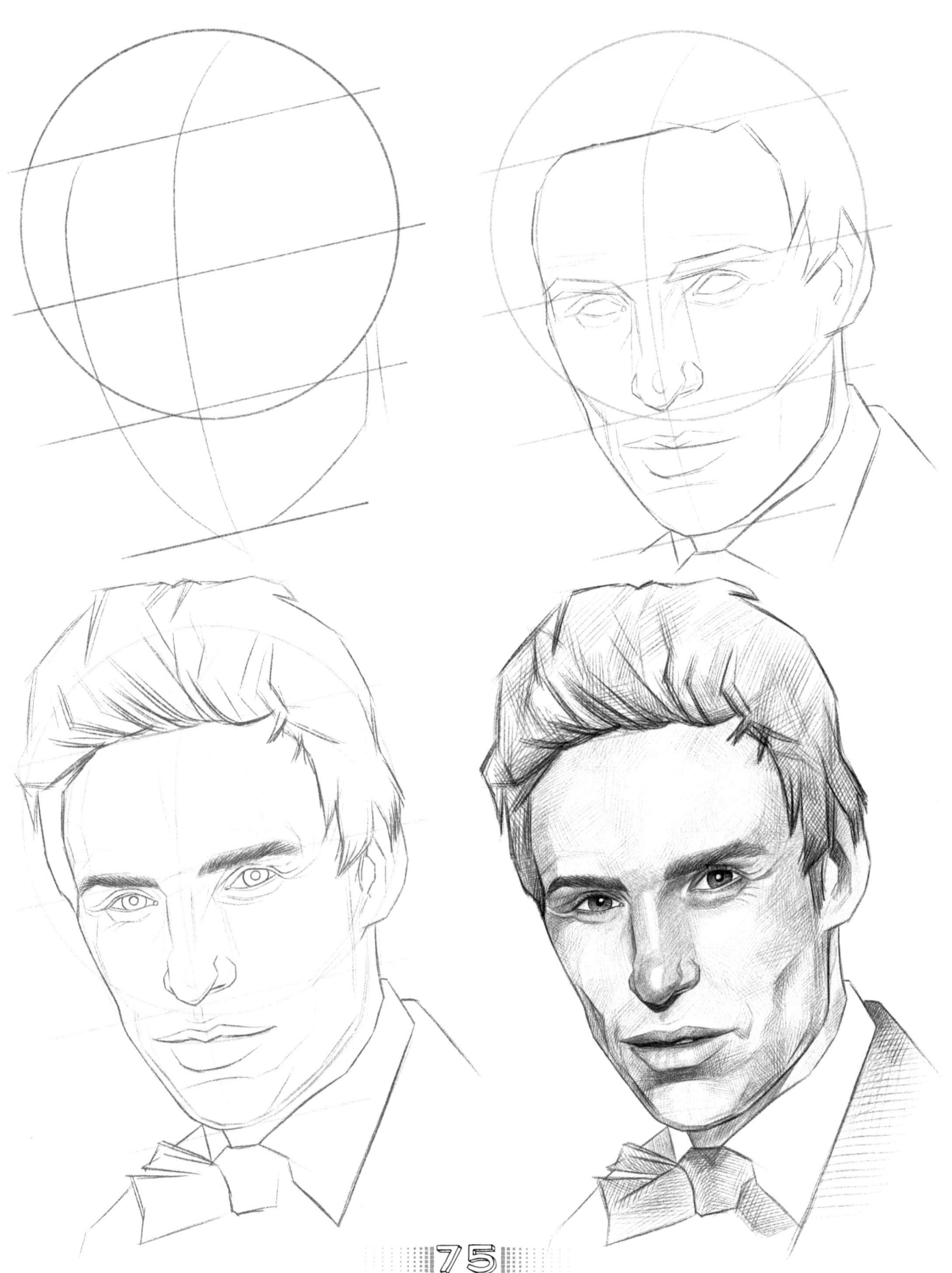

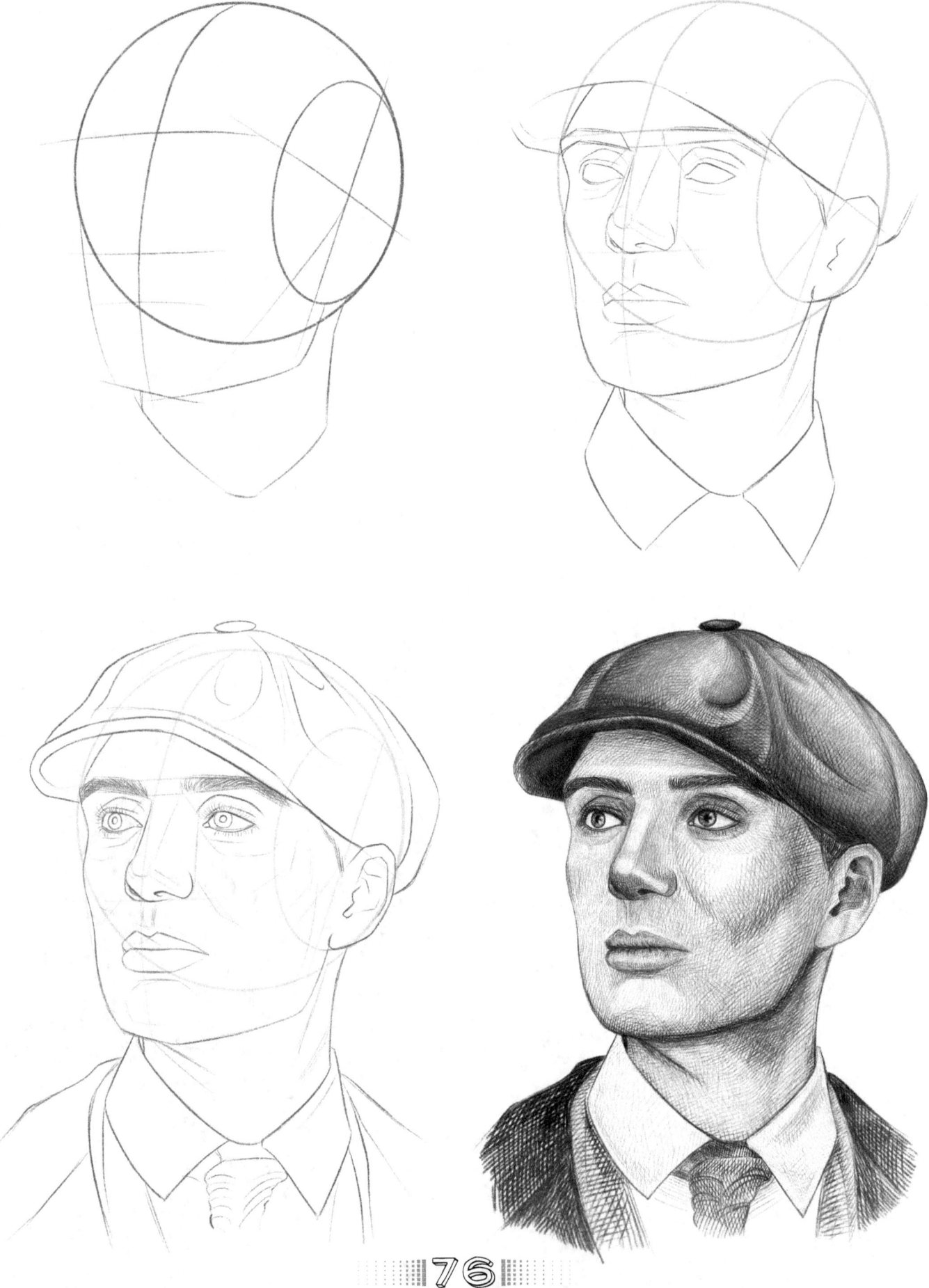

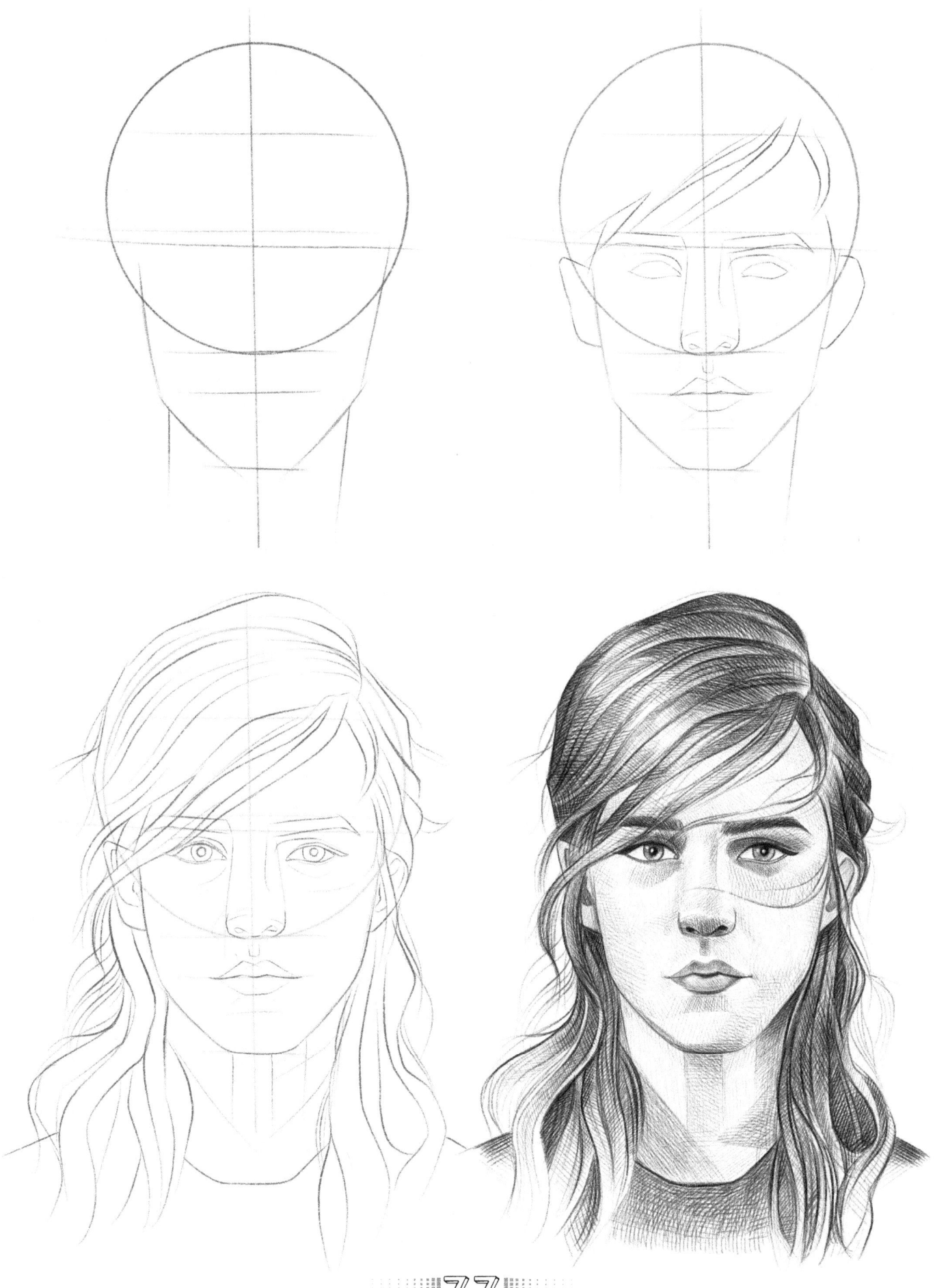

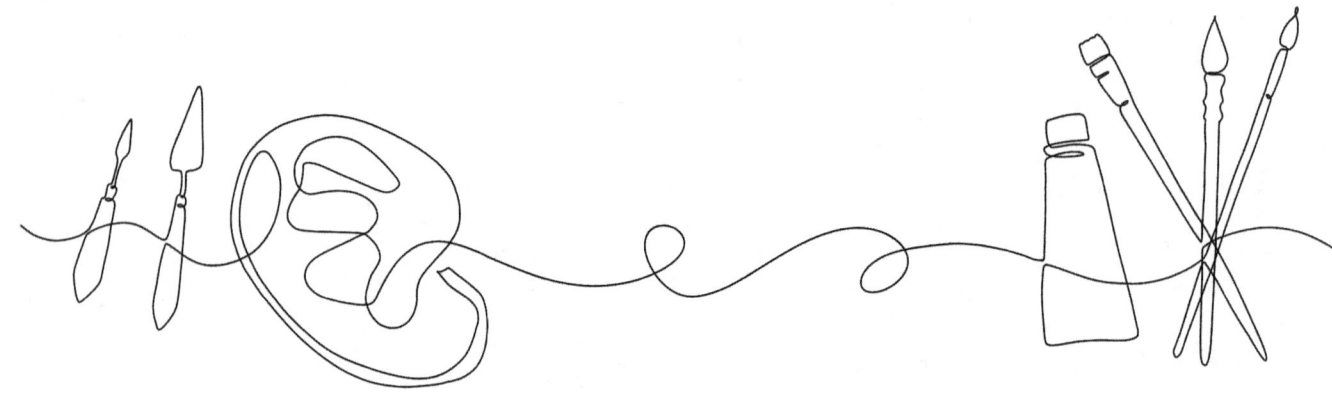

CONTINUER à DESSINER :
UN ADIEU ET UN COMMENCEMENT

Félicitations pour avoir terminé votre voyage dans l'art de dessiner des portraits ! Tout au long de cet ouvrage, vous avez appris des techniques essentielles telles que les hachures, la maîtrise de l'ombre et de la lumière et la compréhension de la composition et de la perspective. Vous avez exploré les caractéristiques uniques des visages masculins et féminins et découvert comment transmettre efficacement les émotions. N'oubliez pas que ce n'est que le début de votre aventure artistique et que chaque coup de crayon vous rapproche de vos objectifs artistiques. En refermant ce livre, n'oubliez pas que chaque dessin est un pas en avant dans votre développement artistique. Continuez à pratiquer, à expérimenter et, surtout, à apprécier le processus.

Merci de m'avoir accompagné dans ce voyage. Maintenant, allez de l'avant et continuez à créer avec passion et détermination.

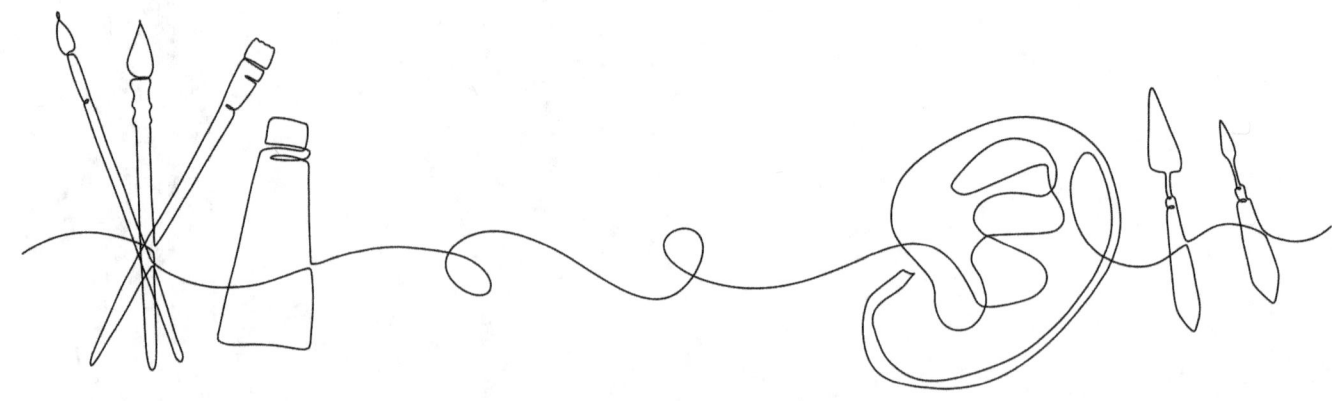

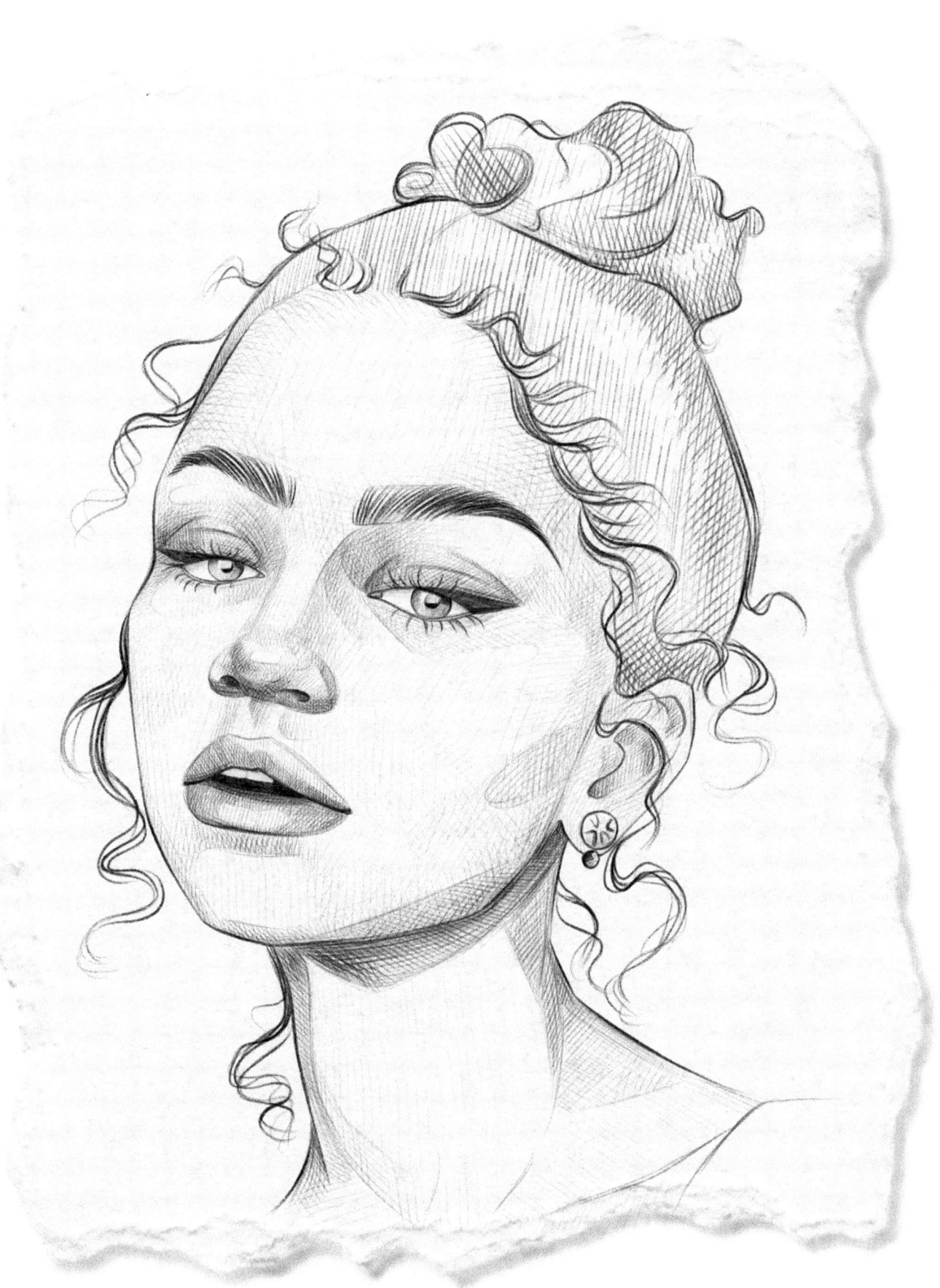

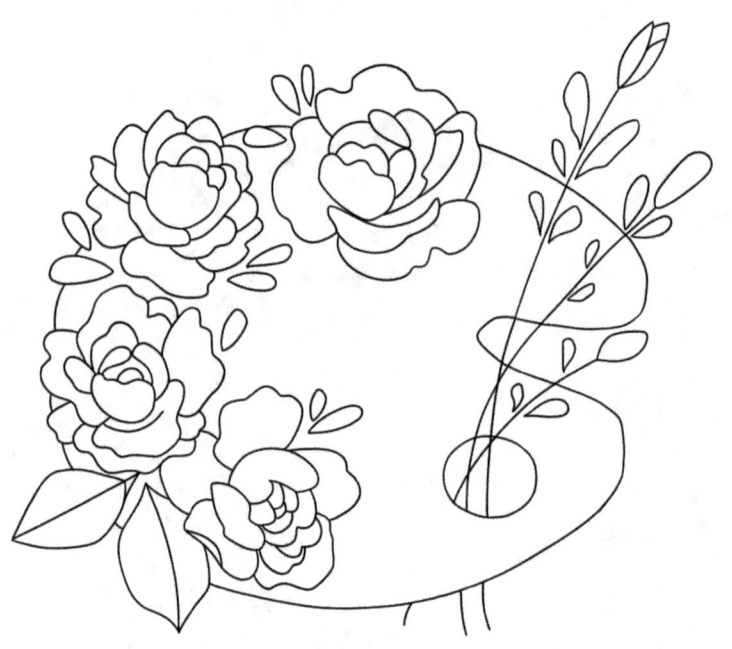

www.ingramcontent.com/pod-product-compliance
Lightning Source LLC
Chambersburg PA
CBHW062227220526

45471CB00009B/3370